¡EL CORAJE DE SER POSITIVO!
(Los·101 usos del "clip")

D1825517

Superación
COLECCIÓN

Patricia G. Wenzel: Psicóloga Clínica y con maestría en Psicoterapia Individual.
Imparte cursos y talleres sobre relaciones humanas, autoestima, superación personal, motivación y comunicación, a grupos de gerentes, maestros, empleados, padres de familia y adolescentes.
Dirige algunas de sus orientaciones a través de programas radiofónicos.

PATRICIA G. WENZEL

¡El coraje de ser positivo!

(Los 101 usos del "clip")

SAN PABLO

Distribución San Pablo:

Argentina
Riobamba 230, C1025ABF BUENOS AIRES, Argentina.
Teléfono (011) 5555-2416/17. Fax (011) 5555-2439.
www.san-pablo.com.ar – E-mail: ventas@san-pablo.com.ar

Chile
Avda. L. B. O´Higgins 1626, SANTIAGO Centro, Chile.
Casilla 3746, Correo 21 - Tel. (0056-2-) 7200300.
Fax (0056-2-) 6728469
www.san-pablo.cl – E-mail: spventas@san-pablo.cl

Paraguay
Víctor Haedo 522, ASUNCIÓN, Paraguay.
Teléfono: (00595) 21-446-565. Fax: (00595) 21-447-617
E-mail: sanpabloasuncion@paulus.net

Perú
Armendáriz 527 – Miraflores, LIMA 18, Perú.
Telefax: (51) 1-4460017
www.sanpabloperu.com.pe – E-mail: dsanpablo@terra.com.pe

Wenzel, Patricia G

El coraje de ser positivo.– 1ª ed. 18ª reimp.- Buenos Aires: San Pablo, 2012.
128 p.; 20x13 cm. – (Superación)
ISBN: 978-950-861-357-8
1. Superación personal. I. Título

CDD 158.1

Dedicatoria

Para Edgar, mi amigo, mi compañero y mi amor.

*Para mis padres que me enseñaron con su ejemplo
el amor de pareja.*

Para Mariana, Andrea y Karin, ¡gracias por existir!

Para Amy que me apoya en mis momentos de flaqueza.

Para Ricardo Peter que me alentó a escribir mis ideas.

Presentación

En algunos de los cursos que doy, empiezo con una dinámica que, aun cuando es muy sencilla, tiene mucho mensaje. Les muestro a los oyentes un simple "clip" y les pido que me den todos los usos posibles que puede tener este pequeño objeto, además de sujetar papeles. Compartiré, a continuación, sólo algunos ejemplos de los usos que mencionan para que despierten su creatividad:

→ como un ganchito parar sostener un adorno en el árbol de navidad,

→ como perno en un reloj o en unos lentes,

→ como unión en un fusible,

→ para sostener el dobladillo de un pantalón,

→ para detener un cierre roto de una falda,

→ como palillo de dientes,

→ limpia uñas,

→ como aretes o collares,

→ como anzuelo de pesca,

→ para escribir sobre el metal,

→ como llavero, etc., etc., etc.

Nunca he contado todas las ideas que me han dicho, pero lo que sí es un hecho es que la ilustración es muy adecuada para lo que quiero. Y es que el material que ofrezco en este libro lo pueden utilizar para una sola cosa y con una sola persona o pueden usar su imaginación y aprovecharlo en todo momento y en cualquier relación, ya sea de pareja, de padre a hijo/a, maestro y alumno, compañeros de trabajo, etc.

¿Cambiar de actitudes es posible?

Pensé en la manera de ilustrar los diferentes tipos de actitudes que tenemos ante nosotros y ante quienes nos rodean, recordé un ejemplo. Imagínate que hay dos parejas. Y coincide que a los maridos los despiden del trabajo el mismo día, por la simple razón de reducción de personal, sin tener en cuenta si eran "efectivos" o no para el desarrollo de su trabajo.

Al llegar Roberto a su casa le dice a su esposa:

-¿Sabes?, me he quedado sin trabajo.

Lucy soltando la bandeja de las manos se da vueltas y le contesta:

-¡Pero cómo!, ya me imaginaba... no sirves para nada, me lo esperaba tarde o temprano... Bien lo decía mi madre que me arrepentiría de casarme contigo... ahora sí, a ver qué haces, porque bajar de nivel, ¡ni te lo imagines!

Al otro lado de la ciudad, Luis llega a su casa y pronuncia las mismas palabras:

-¿Sabes?, me he quedado sin trabajo.

Ana dejando la bandeja en la mesa, lo toma de la mano y lo lleva al sofá de la sala:

-Cuéntame, ¿qué fue lo que pasó?

Y después de oír atentamente a su marido, le dice:

-Tú bien sabes lo que eres capaz de hacer y no me extrañará que, dentro de unos pocos días, ya se estén peleando por ti para que trabajes en distintas empresas. Además, todos aquí te queremos y te apoyaremos todo lo que sea necesario.

Siendo sinceros, creo que alguna vez hemos estado en cualquiera de las dos posiciones. A veces, somos empáticos, sabemos admirar y reconocer a las personas, damos aliento a quien lo necesita, otras veces, herimos con toda la intención, o somos negativos y poco alentadores o, simplemente, nos descargamos con los que están en nuestro camino de una manera infantil y grosera culpando a los demás de nuestros asuntos no terminados.

Actitud es la manera en la que respondemos o reaccionamos ante situaciones o ante personas que nos rodean. Muchas son aprendidas y otras las desarrollamos por las experiencias que realizamos día a día.

Nuestro cerebro es como una computadora que absorbe todo lo que ve y oye. Recuerdo que en un parque de diversiones me llamó la atención una camiseta que llevaba una señora con tres imágenes abstractas de una cara humana; en la primera imagen, había una cara con las manos tapando los ojos y decía: "no ver maldad", la otra cara, con las manos en los oídos tapándoselos y decía: "no oír maldad" y la tercera, una cara feliz sin tener las manos en ningún lugar y decía "no hablar maldad" (See no evil, hear no evil, speak no evil). De alguna manera, el material que introduzcamos en nuestro cerebro va a trabajar para bien o para mal.

Mariana, mi hija mayor, compró unos libros que están de moda en los Estados Unidos, *Escalofríos* (*Goosebumps*) con el pretexto de practicar su inglés, no me opuse en seleccionar su lectura. Después de varios días, noté que tenía pesadillas al dormir y le pregunté sobre sus libros... Me confesó que le provocaban mucha emoción y, por supuesto, espanto. Fue la mejor manera de enseñarle sobre lo maravilloso que es nuestro cerebro. Todo el material que incorporemos lo usará para nutrirnos del modo que escojamos nosotros mismos. De ahí que hago mucho hincapié, en los cursos que dirijo a padres de familia, sobre los programas de televisión que miran los niños. Está comprobado que, en la mayoría de los niños agresivos, la causa principal se debe a los programas que ven. A propósito, quiero mencionar que estadísticamente se dice que el niño a la edad de 6 años habrá invertido más horas viendo la televisión que en hablar con sus padres a lo largo de toda su vida. ¡Qué tristeza!

Debemos ser selectivos en lo que vemos, leemos y oímos. Porque mi actitud en gran parte se deberá a esto. Obviamente mi actitud influirá en mis relaciones con mi pareja, mis hijos, mis compañeros de trabajo y la gente con quien me relaciono.

Nosotros escogemos nuestras actitudes. Podemos decidir la manera en que observaremos una situación determinada; positiva o negativamente. Hay un relato de dos vendedores que trabajaban en una zapatería. La empresa los mandó a una isla para hacer un estudio de mercado.

Al poco tiempo, uno de los vendedores mandó un telegrama al director que decía: "Favor de mandarme boleto de avión de regreso. La gente aquí no usa zapatos, el mercado es malo".

Sin embargo, el otro vendedor mandó otro telegrama en el que decía: "Favor de mandar todo el calzado que sea posible, la gente aquí no tiene zapatos, el mercado es virgen".

Son dos seres humanos que se encuentran en un mismo lugar pero con diferente visión. ¡Hay gente pesimista de verdad! Deciden en forma deliberada responder negativamente a todas las circunstancias. Pero otras personas pueden ver la misma situación y decidir apreciarla en forma positiva.

El medio también influye en nuestras relaciones. No sólo por lo que leemos y observamos, sino también por la gente que nos rodea. Bien dice el dicho popular: "El que con lobos anda, a aullar aprende". Si estamos con gente que constantemente se está quejando, al poco tiempo, nos estaremos expresando de la misma manera. Se requiere fuerza para contagiar a los demás de actitudes positivas.

Me atrevería a decir que nuestras actitudes determinan nuestro destino. El psicólogo Dennis Waitley ilustra esto en su libro *Semillas de Grandeza*. En él relata el estudio que hizo de prisioneros de guerra norteamericanos que regresaron de diferentes países enemigos:

Los ex prisioneros y rehenes que estaban en mejores condiciones físicas y emocionales, después de la prueba, eran aquellos que habían usado los siete años, ó 2.555 días, que pasaron cautivos, para prepararse como si estuvieran en una universidad extramuros... No tenían libros, no podían escribir, pintar o ver hacia el exterior; sólo veían las paredes. La única luz que tenían era artificial y siempre estaba prendida. Los focos eléctricos causan desorientación, fatiga y desesperación, precisamente lo que querían lograr sus guardianes, terroristas o dirigentes religiosos que los habían capturado para hacerlos más susceptibles de ser dominados... Ante la carencia de materiales, herramientas o comodidades, lo que hicieron fue crearlas en su imaginación. Recordaban los momentos más inspiradores y significativos de su vida pasada... Algunos repasaban y reconstruían pasajes enteros de la Biblia que se convirtieron en su fuente de fuerza. Otros jugaban al golf recordando partidos completos que habían jugado en el pasado. Y cuando se cansaban de esto, empezaban a imaginarse nuevos partidos y torneos.

Lo mismo que decía Viktor Frankl, en algunos de sus libros. La actitud de los prisioneros en los campos de concentración era determinante para su sobrevivencia. Cuando tenían pensamientos de libertad y ganas de vivir lo lograban. En cambio, los prisioneros que ya no tenían a su familia o alguna razón para vivir se dejaban enfermar y morían al poco tiempo.

Debemos tener control sobre nuestros pensamientos, para que éstos sean positivos y, por lo tanto, nuestra actitud también se vaya modificando. Es sencillo modificar nuestros pensamientos, si tenemos hábitos o costumbres a nuestro favor.

Yo decido
qué quiero hacer

En una ocasión, Tomás Chalmers dijo: "Los principales componentes de la felicidad son: tener algo que hacer, alguien a quien amar y una esperanza". En otras palabras, la clave de la felicidad en la vida es tener un propósito claramente definido para vivirla. El propósito de la vida es el fundamento en el cual basamos nuestras acciones, afectos y aspiraciones. Alguien dijo que es el motor de nuestro vivir. Por lo tanto, nuestra naturaleza básica consiste en actuar, no en que se actúe sobre nosotros. Esto nos permite elegir nuestras respuestas a circunstancias particulares y, además, nos da poder para crear las circunstancias. Tomar la iniciativa no significa ser insistente, molesto o agresivo. Significa reconocer nuestra responsabilidad de hacer que las cosas sucedan. "No fuimos creados con un espíritu de cobardía, sino de poder, amor y dominio propio" (2 Tim. 1, 7). Corresponde a nosotros mismos desarrollar tales cualidades y hacer que nuestra persona brille. Somos responsables de cada acto que realicemos. Por lo tanto, debemos pensar dos veces antes de actuar.

Definiendo nuestro propósito:

¿Qué quiero decir cuando hablo de "propósito"? Para entenderlo me gustaría marcar la diferencia entre "propósito", "objetivo" y "meta".

Propósitos

El primero contesta a la pregunta: "¿Para qué vivo?".
No es necesario que sea una oración demasiado larga,
puede ser una breve proposición que describa el moti-
vo que tengo para vivir. Un propósito personal debe
abarcar cuando menos veinte años o más. Normalmente, el propósito es muy amplio y no puede medirse,
pero sí es efectivo, porque da dirección a la vida del
individuo. Por ejemplo:

SER UNA PERSONA SALUDABLE.

SER UN PADRE EJEMPLAR PARA MIS HIJOS.

LLEGAR A SER RICO.

GOZAR DE LA VIDA EN LA MAS AMPLIA
EXTENSION DE LA PALABRA.

Algunos dicen que la vida es para llenar una necesidad, o para llenar una ambición. Recomiendo que el
propósito de tu vida, sea el llenar una necesidad.
Vemos por todas partes que la gente ambiciosa no
siempre es la más feliz.

¿Qué necesidades observas que te preocupan? ¿Qué
es lo que te hace perder el sueño? Las respuestas a estas
preguntas te harán descubrir cuál es tu propósito en la
vida. Bobb Biehl, director del Grupo Planificador Mun-
dial, sugiere seis preguntas, cuyas respuestas te ayudarán a identificar qué es lo que más te preocupa.

1. ¿Qué necesidades que hayas observado en el
mundo te preocupan?

2. Si pudieras cubrir una necesidad del mundo, ¿cuál escogerías?

3. ¿Cuáles son las necesidades más urgentes de tu país, tu comunidad, tu trabajo, tu escuela?

4. ¿Qué edad o tipo de gente te interesa más?

5. ¿Cuáles son las necesidades principales de tus amigos, familiares y vecinos?

6. Si tú no llenas esas necesidades, ¿quién lo hará?

Antes de pensar en tu propósito, entiende claramente cuáles son los dones y habilidades que tienes. Observa las habilidades que la gente te ha señalado y aprecia. Identifica, por lo menos, cinco cosas que hayas hecho y que te hayan proporcionado la mayor satisfacción. ¿Qué aspectos de ellas disfrutaste más? Ahora trata de formular una oración que describa tu propósito en la vida.

Mi propósito en la vida es: ....

....

....

Objetivos

Los objetivos son los que contienen nuestros deseos para áreas específicas de nuestra vida.

Examina por un momento las siete áreas principales de tu vida. ¿Cómo las evaluarías en escala de 1 a 10?

Personal   1 2 3 4 5 6 7 8 9 10.

Física   1 2 3 4 5 6 7 8 9 10.

Familiar	1 2 3 4 5 6 7 8 9 10.
Vocacional	1 2 3 4 5 6 7 8 9 10.
Espiritual	1 2 3 4 5 6 7 8 9 10.
Social	1 2 3 4 5 6 7 8 9 10.
Financiera	1 2 3 4 5 6 7 8 9 10.

Seguramente, en muchas de estas áreas, te sentirás satisfecho. Pero habrá otras que necesitarán mejorarse. Mientras que el propósito contestaba a la pregunta ¿cuál es la razón de tu vida?, un objetivo responde a "yo quiero..." o "quiero seguir...", refiriéndose a lo que estoy haciendo en cada una de las áreas principales de mi vida. Por ejemplo:

Familiar: "Quiero pasar más tiempo con mi esposa".

Profesional: "Quiero obtener un diplomado en tal materia".

Social: "Quiero reunirme con mis amigos antiguos que valen la pena".

Física: "Quiero sentirme mejor en cuanto a mi salud".

Los objetivos nos ayudan a dar la dirección correcta a determinadas áreas de nuestra vida. Se pueden tener varios objetivos para ciertas áreas de nuestra vida; por ejemplo, a continuación doy tres objetivos para el área física:

- "Quiero tener una larga vida".

- "Quiero estar libre de enfermedades".

- "Quiero adelgazar".

La diferencia entre propósito y objetivo radica en el verbo. Propósito va con el verbo "SER" y objetivo con el verbo "HACER" y meta "HACER +FECHA DE INICIO".

Metas

Son el medio por el cual hacemos realidad nuestros objetivos. Son logros que fácilmente se pueden medir en términos de tiempo y resultados. Por ejemplo, mi deseo de adelgazar es un objetivo, pero "bajar cinco kilos para octubre 31" es una meta. ¿Por qué? Porque al tener una fecha de inicio y de fin y que se pueda medir lo convierte en algo concreto. ¿Qué es lo que sucede con nuestros "objetivos" del "¿Año Nuevo? ¿Por qué no los llegamos a cumplir? Por la simple y sencilla razón de que no nos ponemos metas fáciles para lograr el objetivo. Siempre doy un ejemplo personal de esto. Mi objetivo de "Año Nuevo" era hacer gimnasia diariamente. Empecé al otro día con una hora de ejercicios aeróbicos... Pregúntenme si quise levantarme al día siguiente a hacer ejercicio. ¡Claro que no! Estaba tan entumecida y cansada que dejé mis objetivos para otro día. Pero después advertí que las metas debían ser más fáciles y volví a empezar con mi objetivo. ¿Saben lo que hice? Me propuse hacer 5 minutos de ejercicio durante 14 días. ¿Por qué 14 días? Alguna vez leí que los hábitos se forman luego de 14 días consecutivos sin interrupción. Y lo hice. Después le aumenté 5 minutos más, y así sucesivamente. Actualmente hago 30 minutos de ejercicio diario y me va muy bien. Lo mismo hice con el consumo de agua. Si uno no está acostumbrado al agua sola difícilmente la beba. Así que cuando oí lo importante que era tomar dos litros de agua por día (8 vasos), hice lo mismo. Metas muy fáciles que las convertí en hábitos. Un vaso por día, así de exagerado, y después dos durante 14 días hasta lograr la costumbre de ingerir 8 vasos por día.

Algunas de las metas que he observado en los cursos son:

- Quiero salir con mi esposa a cenar dos veces por mes, empezando el 21 de noviembre.
- Quiero leer un libro por mes a partir del 1º de febrero.
- Quiero llamar a un amigo cada sábado, empezando esta semana.
- Los lunes que hago la tarea con mi hijo, no gritaré en absoluto. (Este fue un objetivo que me llamó mucho la atención, ya que era una secretaria con un carácter fuerte que me contaba lo difícil que era para ella controlarse ante la distracción de su hijo al realizar sus ejercicios de matemáticas, cada tarde terminaba enojada con su hijo).

Desarrolla la perseverancia

En el capítulo anterior, hablamos de la importancia de definir el propósito de nuestra vida, así como los objetivos y metas concretos en las siete áreas principales de nuestra vida. A veces, nos entusiasmamos cuando reflexionamos en esto, sin embargo, tal motivación puede terminar pronto, a menos que decida adoptar una actitud de perseverancia.

¿Qué es la perseverancia? Alguien ha dicho que valor es el deseo de empezar algo, pero perseverancia es el deseo de continuarlo. Es la actitud que dice: "no claudicaré, no importan los obstáculos que enfrente". Es tener el coraje de conseguir lo que nos hemos propuesto. Ahí empieza la diferencia de alguien que quiere mejorar y llega a realizar sus sueños que están al alcance de quien quiere de verdad algo.

Aunque no siempre podemos controlar los obstáculos en la vida, sí podemos dominar nuestra actitud hacia ellos. La perseverancia no es la facilidad de brincar obstáculos, sino la disposición de continuar a pesar de ellos.

Me encanta el siguiente ejemplo tomado de la historia norteamericana:

> *Cuando tenía siete años, su familia fue desalojada del hogar debido a una cuestión legal, y tuvo que empezar a trabajar para ayudar a su sostenimiento .*

A los nueve años, quedó huérfano de madre.

A los veintidós, fue despedido de su empleo. Quería estudiar leyes, pero carecía de educación.

A la edad de veintitrés años, se endeudó para poder ser aceptado como socio de una pequeña tienda.

Cuando cumplió veintiséis años, murió su socio, quien le dejó cuantiosas deudas que tardó años en liquidar.

A los veintiocho, después de cortejar a una chica durante cuatro años, le pidió matrimonio, pera ella le contestó que "no".

Cuando tenía treinta y siete años, después de tres intentos, fue elegido en el Congreso, pero dos años después perdió la reelección.

A los cuarenta y uno, murió su hijo de cuatro años.

Cuando tenía cuarenta y cinco años, se postuló para senador, pero fracasó.

A los cuarenta y siete, perdió como candidato a vice-presidente.

A los cuarenta y nueve, volvió a postularse para el Senado, pero no tuvo suerte.

A los cincuenta y un años, fue elegido Presidente de los Estados Unidos. Su nombre: Abraham Lincoln.

Cuatro claves para desarrollar la perseverancia

1. Entender el valor de la perseverancia

Muchas personas aceptan sus fracasos, porque creen que no están destinadas para el éxito. Consideran que no poseen los talentos necesarios para realizar sus sueños. Esto es exactamente lo que distingue a los exitosos de los derrotados. El presidente Calvin Coolidge decía:

> *"Persevera: nada en el mundo puede sustituir a la perseverancia. El talento no puede, porque conocemos muchos hombres talentosos que no tienen éxito. El genio, tampoco, porque es un proverbio que los genios son unos incomprendidos. La educación tampoco, porque el mundo está lleno de holgazanes educados. Pero la persistencia y la determinación por sí mismas tienen un poder insuperable".*

2. Considerar que habrá obstáculos

La mejor manera de superar los obstáculos para lograr sus metas es ¡saber que vendrán! En una revista de empresarios, leí la historia del presidente de una importante fábrica de refrescos que pidió a su grupo de mercadotecnia que diseñaran una nueva estrategia para un producto. Luego de presentarle el plan, el presidente les preguntó qué obstáculos preveían para lograr la meta. Se hizo un silencio sepulcral. Después de unos momentos, el señor los hizo regresar a su mesa de trabajo; su razonamiento fue que el plan no era lo suficientemente bueno, porque no provocaba oposición. Muchos de los obstáculos no son tan fáciles de superar. Algunos tenemos limitaciones sociales, educativas, económicas o físicas que no pueden ser eliminadas fácilmente. En estos casos, conviene recordar que la perseverancia no significa eliminar los obstáculos, sino continuar buscando la meta a pesar de ellos.

3. Considerar que el fracaso no es el final

El señor Thomas Watson, fundador de IBM, dijo: "Si quieres triunfar, duplica tu factor de fracasos". En otras palabras, cuantos más intentos hagas, más veces triunfarás. Thomás Edison, uno de los más grandes inventores, descubrió, por lo menos, 1800 formas de no hacer un foco. Colón pensó que había encontrado un atajo para la India cuando descubrió América. Walt Disney, un joven con ansias de ser dibujante, fue de un periódico a otro intentando vender sus dibujos, y todos los editores, fríamente y, tal vez, con algo de crueldad, le manifestaron que carecía de talento y le aconsejaron que dejara esa actividad. Sin embargo, él nunca abandonó su sueño que lo obsesionaba y perseveró hasta el final. Alojándose en un pequeño garaje de una iglesia llena de ratones, se dedicó a pintar a sus compañeros roedores. Y ¿lo has adivinado ya? Uno de esos ratones se hizo mundialmente famoso por obra del joven artista. El ratón fue conocido por millones de personas como el Ratón Mickey; el artista no se dio por vencido.

¡Nunca nadie se ha tropezado estando inmóvil! Lo malo es que no siempre sabemos cuál de nuestros esfuerzos nos va a dar el éxito. Por eso debemos continuar tratando.

4. Considerar que vamos a trabajar duro

"Las cosas que valen la pena cuestan trabajo". "El trabajo sin fatiga equivale a mediocridad". "El trabajo duro es un prerrequisito del éxito en todas las áreas de nuestra vida". A nadie le gusta escuchar que debe trabajar duro, pero, en realidad, es un componente esencial para alcanzar el éxito en cualquier aspecto de la vida. Queremos obtener resultados inmediatos por nuestros esfuerzos, y cuando no los vemos, nos desviamos en busca de otra cosa. El autor Edwin Bliss describe esta tendencia en su libro *Hazlo ahora*:

> *Vivimos en una época que adora la comodidad. En este siglo, se han atacado con mayor fuerza las incomodidades que en ninguna otra época de la historia humana. Hemos aprendido a controlar nuestro medio ambiente con la calefacción central y el aire acondicionado. Hemos reducido nuestro trabajo con el uso de computadoras y máquinas, disminuido el dolor, la depresión y la tensión nerviosa. La televisión y los juegos electrónicos son antídotos para el aburrimiento. Todo esto es bueno, pero ha creado la impresión de que el propósito en la vida es alcanzar un estado bendito de nirvana, con una ausencia total de trabajo o esfuerzo. El énfasis está en el consumismo, no en la productividad; en el hedonismo a corto plazo en vez de una satisfacción a largo plazo. Buscamos satisfacer deseos con el menor esfuerzo posible.*

Si deseas alcanzar tus propósitos, objetivos y metas, entonces, no busques lograrlos inmediatamente y tampoco te desanimes cuando parece que otros están progresando y tú, no. Las siguientes palabras de Amy Carmichael siempre me animan:

> *Cuando leemos las palabras*
> *de quienes son más que vencedores,*
> *nos sentimos casi perdedores,*
> *pensando que nada podremos lograr.*

Pero ellos lo alcanzaron paso a paso,
empleando la fuerza de la voluntad,
negándose a sí mismos,
logrando pequeñas victorias,
y permaneciendo fieles a su ideal.
Cuando llegan a donde están,
nadie considera lo que pasaron.
Sólo aprecian lo logrado,
sin saber cuánto les ha costado.
Pero no existe un triunfo repentino
ni una madurez espiritual
que sea producto del azar.

Perseverancia, negarnos a darnos por vencidos a pesar de los obstáculos que nos pone la vida, es la actitud que nos permitirá realizar nuestros sueños.

La preocupación, un ladrón suelto

La mejor manera de poder describir la preocupación es: "Un ladrón que anda suelto, peligroso y que nos roba: la alegría, la energía, la salud y la paz espiritual". La palabra proviene del latín y significa "ocupar anticipadamente la mente o el ánimo de uno, de modo que estorba para admitir otra cosa".

El Dr. Charles Mayo, fundador de la famosa clínica que lleva su nombre, tal vez, estaba en lo correcto al decir que la mitad de las camas del hospital están ocupadas por gente enferma de preocupación. La preocupación o ansiedad no sólo nos agota emocionalmente y físicamente, sino también acaba con las relaciones importantes en nuestra vida. En la actualidad, los expertos dicen que uno corre menos riesgos cuando manejamos adecuadamente la preocupación y la tensión, sobre todo la de tipo emocional, ya que es la causa más importante de las víctimas de ataques cardíacos. Estudios muestran que el promedio de ataques cardíacos, entre aquellos hombres que se encuentran sometidos a la tensión económica y doméstica, es tres veces mayor que entre las personas relajadas y tranquilas.

La mayoría de los temores se relacionan con algo que le va a ser quitado, una persona, una posición o una posesión. Tal vez tenga miedo de perder a su pareja, ya sea por muerte o por abandono. O le atemoriza perder su empleo y, por lo tanto, su prestigio. Posiblemente le cause preocupación la posibilidad de perder su dinero y verse en la pobreza. La pérdida de la salud también puede ser la causa de inquietud.

Pero la mayor parte de la preocupación se centra en perder algo que es importante para nosotros. Por consiguiente, una de las principales causas de preocupación surge de construir nuestra vida sobre cosas temporales. "La preocupación NO elimina la aflicción de mañana, pero sí me quita la fuerza del día de hoy".

¿Cómo optar por confianza en vez de ansiedad?

1. Lo que queremos hacer y lo que tenemos que hacer, muchas veces, causan sentimientos de culpa

Hay actividades repetitivas que, aun cuando nuestra conciencia nos dice que nos alejemos, seguimos realizando. Un paciente me contaba sobre lo mal que se sentía por no poder estar más con sus hijos. Y ese pensamiento le causaba tanto malestar que en su trabajo no podía ni concentrarse. Otro señor, casado, salía con su secretaria. Eran tantas las mentiras que tenía que inventar a su esposa que estaba en constante tensión. Nadie nos tiene que decir lo que es correcto o incorrecto, somos lo suficientemente inteligentes como para escuchar nuestro interior.

2. Eliminar los temores innecesarios

El reloj, el calendario y el teléfono son los principales asesinos de nuestro tiempo. ¿Qué tienen en común éstos? Que sirven para recordarnos lo que debemos hacer. Por ejemplo, si tengo un dolor de estómago, en lugar de estar pensando en mil enfermedades posibles, acudo al médico para que me diga qué es lo que tengo.

Si tengo algunas cuentas bancarias pendientes, en lugar de atormentarme cada noche sin poder dormir enfrentaré la situación lo antes posible. Las dos palabras que ayudarán a eliminar la mayor parte de la ansiedad son: ¡hazlo ya!

Si tienes que llamar por teléfono a alguien, ¡hazlo ya!

Si tienes que escribir una carta difícil, ¡hazlo ya!

Si tienes que hacer una cita, ¡hazlo ya!

Si tienes que aclarar algo, ¡hazlo ya!

Aquí me gusta incluir que, en el momento en que pienses en alguien especial para ti, no dejes la oportunidad de comunicarte con esa persona y decirle que la amas. No sea que vaya a ser tarde.

> *Si fueras a morir pronto y sólo pudieras hacer una llamada telefónica, ¿a quién llamarías y qué le dirías?*
>
> *¿Y qué estás esperando?*
>
> STEPHEN LEVINE

3. Recuerda que todo pasa

Si hacemos memoria de problemas pasados, fueron momentos que los veíamos como eternos. Sin embargo, aunque muchas de las soluciones de los problemas no están en nuestras manos, el tiempo trae su propia respuesta.

Cuando los problemas no desaparecen

Había un anciano maravilloso que estaba retirado y se pasaba una buena parte del tiempo cultivando su césped, del cual estaba muy orgulloso. Pero tenía un problema. Por mucho que se esforzaba, no podía librarse de los molestos "dientes de león". Nada parecía hacer efecto. A pesar de que había hecho uso de las mejores semillas y del más moderno herbicida, los dientes de león seguían apareciendo. Los brillantes puntillos amarillos cubrían su precioso césped verde.

Le escribió, entonces, a un experto en jardinería. La respuesta incluía varias sugerencias y terminaba con el siguiente consejo: "Si ninguna de estas cosas le da resultado, le sugiero que aprenda usted a apreciar los dientes de león".

Es realmente sorprendente la paz que esta sencilla filosofía puede traer al alma. Si no podemos cambiar las circunstancias exteriores, por lo menos sí podemos cambiar las actitudes que mostramos hacia ellas.

Hay muchas cosas del mundo exterior que no podemos modificar, las desconcertantes condiciones políticas, los elevados precios de las cosas, los fríos invernales, los calurosos veranos, los embotellamientos del tráfico, los compañeros desagradables, etc. Por eso, lo que importa es el mundo interior, porque es el único sobre el cual sí podemos tener control. Y es donde se desarrollan las auténticas batallas y se obtienen las victorias. No nos pasemos toda una vida, que es la única que tenemos, quejándonos y enojándonos por causa de problemas que no podemos quitarnos de encima.

Los problemas nos hacen daño solamente cuando nos resistimos a ellos o cuando los soportamos de mala gana. Cuántas personas ocupan un lugar en un hospital por enfermedades psicosomáticas causadas por rencores, odios y resentimientos. Estos sentimientos nos crean enfermedades, infelicidad, confusiones y nos llevan al fracaso.

La autocompasión, cuántas veces alimentamos una pobre imagen nuestra que es falsa.

Es muy común que nos culpemos a nosotros mismos por circunstancias que no nos corresponden y que terminan atormentándonos. El pasado ya sucedió, y no podemos cambiarlo. No obstante, podemos cambiar nuestros pensamientos sobre el pasado. Es una tontería que nos castiguemos en el presente, porque alguien nos hirió hace mucho tiempo. El camino hacia la libertad es a través de la puerta del perdón. Tal vez no sepamos cómo perdonar y no queremos hacerlo; pero si estamos deseosos de perdonar, podemos iniciar el proceso curativo.

Recuerda que la ira acumulada es como un veneno en nuestro propio cuerpo, y tarde o temprano tiene que salir de alguna manera.

Toma un momento y recapacita: ¿Qué es lo que piensas en este momento? ¿Es algo positivo o negativo? ¿Deseas que este pensamiento cree tu futuro?

Si viviste con personas infelices, asustadas, culpables o iracundas, aprendiste muchas cosas negativas sobre ti mismo y tu mundo. Con este libro irás aprendiendo algunas técnicas prácticas y sencillas para lograr cambios en tu persona.

Sólo Dios sabe qué es bueno para nosotros

Uno de mis relatos favoritos es el que habla del chino que tenía un hijo y un caballo.

Un día el caballo se le escapó del corral y se fue en busca de su libertad a las colinas. Esa noche vinieron sus vecinos y le dijeron:

-¿Se ha ido tu caballo? ¡Qué mala suerte!

El anciano chino contestó: -¿Por qué? ¿Cómo saben ustedes que eso es mala suerte?

Y por cierto, a la noche siguiente, el caballo volvió al corral en busca de su acostumbrado pasto y de agua, ¡trayendo doce sementales salvajes! El hijo del granjero vio a los trece caballos, se deslizó fuera del corral y cerró la puerta. ¡De repente tenía trece caballos en lugar de no tener ninguno!

Los vecinos se enteraron de las buenas noticias y vinieron a charlar con el granjero:

-¡Mira, ahora tienes trece caballos! ¡Qué buena suerte! -le dijeron.

Y el anciano chino les contestó:

-¿Cómo saben ustedes que eso es buena suerte?

Unos días más tarde, su joven hijo estaba intentando domar a uno de los sementales salvajes, el cual lo tiró al suelo y se rompió una pierna. Los vecinos se entera-

ron del accidente y esa noche fueron a visitarlo y emitieron otro juicio bien intencionado:

-¿Tu hijo se ha roto una pierna? ¡Qué mala suerte!

Pero el sabio padre les contestó de nuevo:

-¿Cómo saben ustedes que es mala suerte?

Unos días después, pasó por el sector un jefe militar chino y reclutó a todos los jóvenes en buen estado de salud, llevándoselos con él a la guerra, muchos de ellos para no regresar jamás, pero el joven se libró de ir por tener la pierna rota.

Qué admirable carácter el de este hombre. Sin afanarse por el mañana, las cosas fueron acomodándose de tal forma que, de una cadena de aspectos "negativos", salió ganando.

En la vida se reciben situaciones positivas y agradables, y también cosas negativas y desagradables. Pero bien dice una frase: "Si de noche lloras por el sol, no podrás ver las estrellas". Aprendamos a darle gracias a Dios por las pruebas, sabiendo de antemano que traerá algo bueno a nuestra vida.

Los problemas,
aceptarlos por las buenas

Ya vimos en el capítulo anterior que los problemas son parte de la vida humana y gracias a ellos vamos aprendiendo a valorar las cosas buenas que tenemos.

Hay un relato que ilustra esto:

Había una vez un niño que observaba atento un capullo que estaba en movimiento, luchando por salir de aquel estado letárgico en el que había permanecido ya un tiempo. Sentado, el pequeño quiso cooperar en aquella lucha del insecto, así que tomó su navajita que había recibido en su cumpleaños, y ayudó cortando el capullo. Al terminar de hacer esto, vio que salía de ahí una pequeña mariposa, sin brillo en sus alas, débil y moribunda. Al reflexionar un rato, el niño aprendió la lección. Era necesario que aquella ninfa pasara por una época de lucha constante y lograra su victoria por ella misma, así saldría una mariposa fuerte para vivir y con el brillo hermoso que las caracteriza.

Para que las cuerdas de las guitarras produzcan un sonido agradable, es necesario que tengan cierta tensión. Lo mismo sucede con las tensiones que nos empujan en la vida. Estudios recientes han demostrado que, en momentos de tensión, la glándula pituitaria derrama en nuestro organismo una sustancia llamada betaendorfina, que es una opiácea natural que bloquea en el cerebro la percepción del dolor y también tiene un efecto dramático en el sistema inmunológico. En la última década, se ha descubierto que la betaendorfina fortalece algunas células especiales del sistema inmunológico llamadas "células naturales de ataque". Al circular en la sangre, estas células especiales mantienen a raya a las células que producen tumores.

Por el otro lado, el estrés afecta nuestra salud emocional, porque provoca una reacción en el cuerpo que desencadena la producción de corticotropina, la misma que favorece la aparición de cortisol. Con el paso del tiempo, los altos niveles de cortisol pueden alterar la química del cerebro y producir depresión crónica, entre otras enfermedades.

Algunas causas de tensión innecesaria

1. Falta de propósitos

El filósofo y crítico francés Nicola Boileau dijo: "El que más se fatiga es el que no sabe qué hacer". Tendemos a estereotipar a las personas que tienen propósitos en la vida diciendo que siempre están tensos, mientras que los poco ambiciosos, que viven cada día como viene, no tienen preocupaciones. Pero de hecho, con frecuencia sucede lo opuesto. Aquellos que nunca han establecido su propósito en la vida, junto con sus objetivos y metas para alcanzar ese propósito, están más inclinados a la tensión que quienes tienen sus metas bien definidas. ¿Por qué? Porque la falta de propósito en la vida ocasiona que la persona sea víctima, y no perpetradora, de las circunstancias.

Un propósito viene a ser como una brújula que nos orienta en tiempos de incertidumbre.

2. El enojo

Todos sabemos que Alejandro Magno conquistó el mundo conocido en su época. Pero, pocas veces, nos detenemos a pensar en que no lo hizo solo.

Un día, su querido amigo y general del ejército Cleto, se emborrachó y ridiculizó al emperador frente a sus hombres. Alejandro, cegado por el coraje y con la rapidez del rayo, desenvainó la espada de uno de los soldados y la lanzó contra el insolente. Aunque su intención había sido la de asustar al hombre ebrio, dio en el blanco y la espada cortó de tajo la vida de su compañero de la infancia.

Un profundo remordimiento embargó su alma, hasta el grado tal, que intentó quitarse la vida con la misma arma, pero le fue impedido por los presentes. Muchos días estuvo enfermo, llamando a su amigo y reprochándose por haberlo asesinado.

Este genio militar pudo conquistar ciudades y continentes, pero falló miserablemente en dominar su carácter. Si él no pudo, ¿podremos nosotros?

El enojo es un sentimiento negativo que aparece cuando no cumplimos nuestras expectativas, las cuales pueden ir desde un semáforo que no cambia a verde cuando tenemos prisa, hasta la irritación que nos causa un cónyuge que no nos presta la atención que creemos merecer. Lo más escalofriante es que este enojo puede ser mortal. Existen pruebas de la relación que existe entre él y el desequilibrio de nuestro sistema endocrino. La ira disminuye la cantidad de linfocitos en nuestro cuerpo, lo cual resulta en menos anticuerpos para defendernos de las enfermedades infecciosas.

Otro aspecto entre comillas que no quiero dejar pasar es la famosa "Ley del Hielo", que muchos padres utilizan como una manera de educar a sus hijos cuando se han enojado con ellos. Es tan contraproducente que en lugar de enseñar una lección positiva crea distanciamiento y dolor en una relación. Enojarse es parte de la naturaleza humana, el problema es cuando dejamos que ese sentimiento se quede germinando en nuestro corazón, posteriormente, las raíces serán de amargura. Luchemos por no dejar que se aloje en nuestro interior. Y si una situación nos ha hecho enojar de verdad, démonos un tiempo para observarla sin furia, ya que el enojo es como el alcohol, actuamos sin sentir. Recordemos también que "El lodo es más fácil quitarlo cuando está seco".

Ahora bien: ¿Es el enojo siempre malo? No necesariamente. Pero es como una fiebre, un síntoma que indica que algo anda mal, ya sea en nuestras actitudes o en nuestras relaciones. El consejo que doy, y basándome en la Biblia, es que no nos vayamos a dormir estando enojados con nuestra pareja, con nuestros hijos o amigos. No sabemos si amaneceremos con vida.

3. Las comparaciones

Nos encanta comparar continuamente, nuestra casa, nuestra familia, nuestros logros profesionales, nuestras cuentas bancarias, nuestra apariencia, etc., con quienes nos rodean. Pero tales comparaciones producen descontento y tensión.

Son los medios los que han puesto a la envidia como una virtud. Se escucha constantemente: "Si adquiere esto... será la envidia de sus amigos". "Aquel coche rojo lo hará lucir de envidia". "Sea el mejor en su apariencia, usando tales trajes...", etc.

4. El materialismo

El materialismo causa tensión, mientras más tenemos, más nos preocupamos. No se necesita ser rico para tener tensiones relacionadas con el dinero. El materialismo se basa en nuestra actitud hacia el dinero, no en la cantidad que se posee. Todo gira en tener lo último en tecnología. Marcas específicas de artículos que no necesitamos, pero que nos elevan en posición social. Estamos bombardeados por los medios de comunicación en cuanto a tener más.

5. La fatiga

El cansancio físico distorsiona nuestra percepción de la realidad. El individuo fatigado es más susceptible a la tensión y a la depresión. Cuando no le damos la importancia adecuada a las horas de descanso, sentimos, luego de un tiempo, una sensación de malestar, estamos más sensibles a los olores, a los ruidos, a los malentendidos y no nos aguantamos ni nosotros mismos.

Cómo reducir la tensión

1. Vive el tiempo presente

Cuando desperdiciamos el tiempo recordando los errores del pasado (que de todos modos no podemos cambiar) o pensando en los problemas del futuro (que de todos modos no podemos prever), somos susceptibles de vivir bajo estrés, estorbando la alegría del tiempo presente. Conozco muchas personas que viven lamentándose por errores cometidos en su pasado, sin poder disfrutar de muchas cosas que tienen en el presente.

Gandhi decía: "Lloraba porque no tenía zapatos, hasta que vi a un hombre sin pies". Valoremos todo lo bueno que la vida tiene en este momento. El día de mañana ya vendrá con sus propias respuestas. El ayer ya se fue. Mi amiga Amy un día me mandó el siguiente escrito:

AYER, HOY Y MAÑANA

"Hay dos días en cada semana que no deben preocuparnos, dos días que no deben causarnos ni tormentos ni miedo.

Uno es el ayer con sus errores e inquietudes, con sus flaquezas y desvíos, con sus penas y tribulaciones; el ayer se marchó para siempre y está fuera de nuestro alcance.

Ni siquiera el poder de todo el oro del mundo podría devolvernos el ayer.

No podremos deshacer ninguna de las cosas que ayer

hicimos; no podremos borrar ni una sola palabra de las que ayer dijimos.

Ayer se marchó para no volver.

El otro día que no debe preocuparnos es el mañana, con sus posibles adversidades, dificultades y vicisitudes, con sus halagadoras promesas o lúgubres decepciones, el mañana está fuera de nuestro alcance inmediato.

Mañana saldrá el sol, ya sea para resplandecer en un cielo nítido o para esconderse tras densas nubes, pero saldrá.

Hasta que no salga no podremos disponer del mañana, porque todavía el mañana está por nacer.

Sólo nos resta un día: HOY.

Cualquier persona puede afrontar las dificultades de un solo día y mantenerse en paz.

Cuando agregamos las cargas de esas dos eternidades, ayer y mañana, es cuando caemos en la lucha y nos inquietamos.

No son las cosas de hoy las que nos vuelven locos.

Lo que enloquece y nos lanza al abismo, es el remordimiento o la amargura por algo que aconteció ayer y el miedo por lo que sucederá mañana.

De suerte que nos conformaremos con vivir un sólo día a la vez para mantenernos saludables y felices".

Anónimo

2. Descansa un día por semana

Vivimos en una cultura en donde se respeta un día de descanso en la mayoría de las empresas, escuelas y oficinas. Por lo tanto, si socialmente este día de descanso está apoyado, por qué muchas veces lo utilizamos para trabajar más de la cuenta. El hombre no fue creado para trabajar siete días a la semana. Ese horario es poco realista y con toda seguridad producirá un colapso nervioso. Se necesita un día de descanso para reponer nuestros recursos físicos, emocionales y espirituales. Me encanta ver a algunos hombres que el domingo ayudan a su esposa, sobre todo, cuando tienen niños pequeñitos. El trabajo de cuidar a los recién nacidos a veces ocupa jornadas de 24 horas sin descanso.

3. Todos los días haz algo que te gusta hacer

Por lo menos unos cuantos minutos, despéjate de las tareas pesadas. Tómate un café, lee algún libro o unos capítulos, practica algún deporte, reúnete con algunos amigos; organiza algo divertido de tal forma que puedas despejarte de la monotonía del trabajo. Mi esposo es cazador con arco y flecha, tiene un cuarto pequeño en donde practica su hobby. Permanece allí unos cuantos minutos en donde empluma las flechas, encera las cuerdas del arco, limpia sus estuches, etc., y aunque es un trabajo físico, lo disfruta y se distrae mucho.

No quiero dejar de lado al ejercicio físico. Cada vez, estoy más convencida de la importancia que tiene. Como lo decía en un capítulo anterior: Por medio de este esfuerzo estimulamos nuestro cerebro para la producción de sustancias que nos dan cierta sensación de bienestar. La famosa endorfina. Lo más increíble es que todos poseemos tan codiciado elemento y no lo sabemos aprovechar.

Hace unos días, en una clase de maestría en la universidad, vimos una película sobre los corredores de maratones. Cuál era la causa por la cual sacrificaban tanto esfuerzo. Y lo sorprendente fue saber que es tal la cantidad de endorfina que se produce en su cerebro, que la sensación es parecida a la que tienen las personas que se sobreestimulan con la cocaína. Por supuesto que las consecuencias no tienen comparación. La producción en el primer caso, con el ejercicio, fortalece nuestro sistema inmunológico y nos beneficia por completo; en el otro caso, sólo se llega a la sensación con graves consecuencias para el organismo.

Muchas de las personas que hacen ejercicio ya están convencidas del bienestar que esto les genera. No esperen a que el médico se los indique, empiecen poco a poco, los resultados no tardarán en verse. El ejercicio es un escape efectivo para las tensiones mentales y físicas. Mientras más cansados nos sentimos, aunque suene antagónico, es cuando más debemos estimular nuestro cuerpo para que se "avive". Practicar ejercicio 15 minutos diarios es suficiente para estar en forma.

4. Dedícate a meditar antes de empezar tu día

Si lograste pasar una noche tranquila, aprende a agradecérselo a Dios.

Pregúntate qué puedes cambiar para hacer este día agradable.

¿Qué vas a decir hoy?

¿A quién podrás ayudar?

Recuerda que tu actitud, si es positiva, es como una lente que nos permite apreciar las cosas bellas de la vida que, normalmente, son pequeñas y pasan sin tomarse en cuenta.

Una vez, conversando con Amy, me decía: "He llegado a la conclusión de que la felicidad es una actitud, no una circunstancia". Y al pensar en esto, me di cuenta de cuántas veces estamos en la vida como si fuera un túnel, esperando llegar a la felicidad como meta. Cuando tenga esto... voy a ser feliz, cuando se logre esto... voy a estar contento, y esas actitudes de esperar siempre que sucedan las cosas que queremos son las que no nos permiten ver los chispazos de felicidad que hay en el día. Nos hemos vuelto tan materialistas que recién cuando un familiar cercano se enferma apreciamos la salud. Pero mientras esté ahí no la valoramos. La compañía de las personas a quienes amamos, tampoco la valoramos hasta que éstas se marchan. Una de las declaraciones que más me ha impresionado fue la del "Superman", Christopher Reeves, cuando, desde su silla de ruedas, dijo: "Lo que más extraño es la sensación de poder abrazar a mi hijo". Y ahí tenemos a nuestros seres queridos junto a nosotros y no disfrutamos de ese regalo, ¡los abrazos!

¿Cómo ser proactivo?

Dale Carnegie decía que nuestra paz interior y nuestra alegría dependen, no de dónde estamos, qué tenemos o qué somos, sino únicamente de nuestra actitud mental.

William James, uno de los mejores psicólogos prácticos, hizo una observación: "La acción parece seguir al sentimiento, pero, en realidad, acción y sentimiento van juntos y, regulando la acción, que se halla bajo el

dominio directo de la voluntad, podemos regular indirectamente el sentimiento, que no lo está". En otros
términos, William James nos dice que no podemos
cambiar instantáneamente nuestras emociones con sólo
"la decisión de hacerlo", pero podemos cambiar nuestras acciones. Y que al cambiar nuestras acciones, cambiaremos automáticamente nuestros sentimientos. De
ahí que he decidido dar una lista pequeña de acciones
que pueden ser modificadoras de nuestra actitud.

PROACTIVO o DILIGENTE, describen a la persona
que actúa con responsabilidad, que es rápida, pronta,
veloz, atenta, activa, ágil, dedicada, etc.

Suena desafiante llegar a ser una persona diligente,
sin embargo, si lo ponemos como un propósito en
nuestra vida, empezamos a formar objetivos
alcanzables. De esta manera, hacemos de unos cuantos
hábitos una personalidad íntegra con actitudes positivas de larga duración.

Hay un proverbio chino que dice así:

"Siembra un pensamiento, cosecha una acción,

siembra una acción, cosecha un hábito,

siembra un hábito, cosecha un carácter,

siembra un carácter, cosecha un destino".

Antes de empezar con algunos consejos prácticos de
cómo ser proactivo, quisiera enseñar el otro lado de la
moneda, de manera breve, el perezoso, haragán o flojo
entre otros nombres.

¿Cómo reconocer al perezoso?

1. El haragán rehúsa comenzar un trabajo

Su vida se caracteriza por la postergación y los pretextos que inventa para no hacer las cosas. En vez de amar el trabajo, ama el dormir. Seamos honestos. En todos nosotros hay algo de negligente. ¿Recuerdas los exámenes de la secundaria y de los primeros años de universidad? Aunque nos daban las fechas muchas semanas antes, sólo los más estudiosos se ponían a trabajar desde el día posterior a los avisos. Lo más común era decir: "Todavía tengo tiempo. Falta mucho". Pero, a medida que se acercaba el tiempo, nuestra despreocupación daba lugar al pánico; hasta el grado tal que no sabíamos ni cómo empezar. Por fin, esa semana, o tal vez debo admitir, la noche anterior a la fecha, febrilmente preparábamos un trabajo menos que satisfactorio, odiándonos a nosotros mismos por cada palabra y jurando que nunca más lo volveríamos a hacer.

2. El haragán no termina lo que empieza

Se queda a medio camino, cansado y satisfecho alabando su trabajo mediocre. Alguien dijo: "La mediocridad es excelente al ojo del mediocre".

La diferencia entre un aficionado y un profesional son cinco minutos más.

Cinco minutos más de lectura
para alcanzar tu meta.
Cinco minutos más para resolver
un problema con tu pareja.
Cinco minutos más para pasarlos
con tus hijos cuando tienen problemas.

Cinco minutos más para orar
pidiendo la dirección de Dios.

El experto en motivación Og Mandino insiste en la importancia de perseverar hasta terminar un trabajo:

Jamás aceptaré la derrota. Retiraré de mi vocabulario las palabras y frases como darse por vencido, no puedo, no soy capaz, imposible, no se puede, improbable, fracaso, no se puede implementar, no resultará y me retiro. Evitaré la desesperación, pero si esta enfermedad de la mente me llegara a infectar, entonces seguiré adelante aunque esté desesperado. Trabajaré y resistiré. Haré a un lado los obstáculos y pondré los ojos en mis metas, porque sé que donde termina el árido desierto, está el verde pasto... Olvidaré los acontecimientos del día que se fue, sean buenos o sean malos, y daré la bienvenida al nuevo sol con la confianza de que éste será el mejor día de mi vida.

3. El negligente deja pasar las oportunidades

"Mejor es estar preparado y no tener una oportunidad, a tener una oportunidad y no estar preparado". Imagínense tener las oportunidades en la vida y dejarlas pasar por flojera. Pobreza y negligencia van de la mano, ¡definitivamente sí lo creo! He escuchado a personas que dicen: "Yo también tuve esa idea de comercializar tal producto". La diferencia es que uno lo pensó ¡y el otro lo hizo! Por negligencia se han perdido oportunidades buenísimas. Y la queja constante es: "Si hubiera..., si hubiera".

4. El flojo anhela ser rico

Aunque rechaza la idea de trabajar duramente anhela arduamente disfrutar del fruto abundante. Es gente que sólo "habla" del gran negocio que va hacer. Su trabajo es justo ese: hablar y fantasear interminablemente. Pero sus logros llegan sólo a lo que hacen, que, por lo general, es muy poco o nada.

5. Los malos hábitos del holgazán se reflejan en todas las áreas de su vida

Es raro conocer a alguien que sea descuidado en su trabajo, y sea responsable en su familia. Normalmente el descuidado es así en todas las áreas de su vida. Su actitud de perezoso se extiende, casi siempre, a todo lo que hace y tiene: familia, finanzas, apariencia física, desarrollo intelectual, vida espiritual y así sucesivamente.

Ya describí algunas de las actitudes del negligente que están basadas en sus pensamientos. Si anteriormente dije que los pensamientos preceden a las actitudes, quiere decir que sí hay esperanzas para realizar un cambio en mi persona. Cambiando mis pensamientos realizaré acciones, y así lograré actitudes que me darán mayor integridad y satisfacción en mi persona.

Para ser efectivo

- Define con claridad el propósito, objetivo y metas para tu vida.

Al ir alcanzando las diferentes metas tenemos que ir reponiéndolas por unas nuevas, de tal manera que exista en nosotros siempre un espíritu de desafío. Recuerda, el propósito tiene que ver con el verbo SER. Yo quiero ser mejor en tal área de mi vida. Y los objetivos tienen que ver con la realización de las diferentes actividades. Las metas ya estarán definidas con fechas específicas.

- Disciplínate para llevar a cabo una vida productiva.

Cuando imparto el curso de administración del tiempo, empezamos con metas muy fáciles de lograr, y con fechas específicas, de tal forma, que se llegue a algo productivo. Desgraciadamente, no todos fuimos educados de una manera práctica y disciplinaria. Y ya que esto es como un nuevo modo de vida. Daré algunos puntos clave para comenzar.

1. Organiza tu entorno

Tu armario, tu escritorio, tu portafolio, tu bolsa, tu dormitorio. ¿Cómo se encuentran? ¿Agradable a tu parecer? ¿Funciona "tu orden"? Si tu respuesta es positiva, continúa con el otro punto, pero si esto te incomoda, trabaja en ello. Empieza poco a poco, yo recomiendo que, al realizar la limpieza de un lugar, lo hagas de 5 en 5. Es decir, tomo 5 objetos, papeles o ropa, y los voy acomodando. Recuerdo la manera en la que mi madre nos educó para ser ordenados. Sacaba varios cajones de nuestro armario y los volcaba en las camas. Pasábamos toda la tarde tratando de ordenar un solo cajón. Por eso, yo recomiendo que tomes 5 objetos nada más y que les busques lugar, después, otros 5 y así sucesivamente.

2. Sé puntual

Cuando hablo de este punto, pregunto a mi auditorio si conocen a algún médico, o algún abogado puntual en sus citas. La mayoría de las personas contestan que sí. Este tipo de gente, les digo, adquiere cierta admiración y respeto por parte de los que la visitan. Y, aunque sus clientes sean personas no puntuales, aquí se someten.

Es común, en ciertos lugares, que la gente no respete el tiempo de los demás, y, por lo tanto, los demás no respetan nuestro tiempo. Es un hábito ser puntual. Yo acepto aquellos colegios en los cuales se aplica cierta sanción a los niños que llegan tarde, aunque la verdad, a veces, no son los pobres niños los culpables, sino sus padres. La puntualidad trabaja en nuestra persona de una manera positiva. Si yo respeto el tiempo de los demás, se respetará mi tiempo.

3. Evita pedir prestado

El pedir dinero prestado constantemente llega a transformarse en un hábito, y la gente huye de nuestro lado. Y cuando no podemos pagar la deuda pendiente tenemos que andar escondiéndonos. Pide dinero prestado ante una emergencia real, y no te acostumbres a gastar tu salario antes de recibirlo.

4. Acepta la corrección

No somos seres perfectos, normalmente no vemos nuestros propios errores. Sólo se nos desarrolla nuestro ojo "biónico" para los errores de los demás. Si escuchamos la corrección de alguien con una actitud serena quizá podamos mejorar alguna conducta que en sí está mal.

5. Practica la autonegación

Una manera de demostrar que somos maduros emocional e intelectualmente es cuando establecemos nuestros propios límites. Aprende a decir "no" a tus sentimientos. En ocasiones, niégate cosas que están permitidas con el único objeto de dominarte a ti mismo. Aprende a hacer lo que sabes que es correcto, aun cuando no tengas ganas de hacerlo.

6. Acepta responsabilidades

Es una forma de alimentar nuestra autoestima, el saber que somos capaces de desarrollar alguna actividad bajo nuestra propia responsabilidad es bueno. Si tienes hijos, el darles ciertas responsabilidades hace que se sientan personas capaces de hacer las cosas, y que su vida vale mucho.

7. Mide tu tiempo en minutos y días, no en años y meses

El tiempo en sí no existe. No existe porque es una simple medida. No existe el tiempo como no existen ni el kilómetro ni el litro, sino únicamente las cosas que son medidas por tales patrones convencionales. Para el ser humano el tiempo es la vida. La vida que se procesa y se construye, que no es renovable, inexorable (que no atiende súplicas ni ruegos) y mortal. Transcurre sin atender a clases sociales, dignidades, que fluye con el mismo ritmo para el peón de albañil que para el director general de un banco.

Por lo tanto, la escasez de tiempo es un engaño que nace de la mala administración; confundiendo prioridades, ignorando objetivos, obsesionándonos por hacer más cosas de las razonablemente posibles, que se nutre de la incapacidad de decir "no" a las distracciones y solicitudes extrañas.

Luis Spota decía en 1981:

"Estoy siempre lleno de novelas, de planes. Me falta tiempo. Quisiera comprar el tiempo de tantos que andan por ahí, de esa gente que no hace nada".

En cuanto al tiempo, hay un relato que se lee mucho en los libros de administración del tiempo.

Cuando Charles Schwab era presidente de Bethlehem Steel Co., pidió al conocido consejero Ivy Lee que le ayudara a mejorar su productividad: "Enséñame la manera de hacer más cosas con mi tiempo, y te pagaré una cuota razonable". Lee le entregó un pedazo de papel y le dijo: "Escribe las cosas más importantes que tienes que hacer mañana y numéralas en orden de importancia. Cuando llegues a la oficina, empieza con la primera y no la dejes hasta terminarla; revisa tus prioridades, y empieza con la segunda. Si te toma todo el día, no importa. Sigue con ella mientras sea la más importante. Haz de esto un hábito cada día. Cuando te dé resultado, pásalo a tus asistentes. Practícalo cuanto tiempo quieras, y luego mándame el cheque por la cantidad que consideras que vale este consejo".

Pocas semanas después, Lee recibió un cheque por la cantidad de 25.000 dólares y una nota de Schwab diciéndole que era el consejo más valioso que había recibido. Cinco años más tarde, Bethlehem Steel era el productor independiente de acero más grande del mundo. Schwab dijo que los honorarios de Lee eran la inversión más valiosa que Bethlehem Steel hubiera hecho.

Antes de irte a acostar, toma un momento para escribir las seis cosas más importantes que debes realizar al día siguiente. Cuando amanezca, ya tendrás un plan de acción que te permitirá concentrar tus energías en lo que tiene más urgencia. Y como dijo Lee, no te desanimes si no terminas la lista. Cuando menos, habrás dirigido tu esfuerzo a los asuntos más urgentes.

Pensemos y actuemos con alegría

Dentro del grupo de alcohólicos anónimos, se reparte un programa muy fácil de entender y de llevar a cabo. Pensé que sería como una guía para ciertos cambios en nuestras actitudes, ya que es muy alentador, y es como el clip, con muchos usos.

Fue escrito hace más de treinta años por Sibyl F. Partridge. Si tú y yo lo seguimos, eliminaremos la mayoría de nuestras preocupaciones.

SÓLO POR HOY

1. -*Sólo por hoy seré feliz. La felicidad es algo interior; no es asunto de afuera. "La mayoria de las personas son tan felices como deciden serlo".*

2. -*Sólo por hoy trataré de ajustarme a lo que es y no trataré de ajustar todas las cosas a mis propios deseos. Aceptaré mi familia, mi trabajo, mi suerte, como son y procuraré encajar en todo ello.*

3. -*Sólo por hoy cuidaré de mi organismo. Lo ejercitaré, lo atenderé, lo alimentaré, no abusaré de el ni lo abandonaré, de manera que sea una perfecta maquina para mis cosas.*

4. -*Sólo por hoy trataré de vigorizar mi propio espíritu. Aprenderé algo útil. No seré un haragán mental.*

5. -Sólo por hoy haré a alguien algún bien sin que lo descubra. Y haré dos cosas que no me agraden hacer.

6. -Sólo por hoy seré agradable. Tendré el mejor aspecto que pueda. Me vestiré con la mayor corrección que esté a mi alcance, hablaré en voz baja, me mostraré cortés, seré generoso con la alabanza, no criticaré a nadie.

7. -Sólo por hoy trataré de vivir únicamente este día, sin abordar a la vez todo el problema de la vida.

8. -Sólo por hoy tendré un programa. Escribiré todo lo que tengo pendiente en mis actividades. Eliminaré dos plagas: La prisa y la indecisión.

9. -Sólo por hoy tendré media hora tranquila de soledad y descanso. En esta media hora, trataré de pensar a veces en Dios, a fin de conseguir una mayor perspectiva para mi vida.

10. -Sólo por hoy no tendré temor y especialmente no tendré temor de ser feliz, de disfrutar de lo bello, de amar y de creer que los que amo me aman.

Lo que hago en los cursos después de leer esto, es pedir que subrayen dos puntos que más les hayan impactado y que lo pongan como objetivo de su vida. Es la única forma de lograr cambios en nuestra persona. Precisamente hoy les ponía un ejemplo a un grupo de muchachos, en donde les decía metafóricamente que nuestro espíritu es como una botella llena de agua contaminada; y que hay dos maneras de limpiarla. Una sería vaciándola y volviéndola a llenar de agua limpia. Esto es imposible, pues nuestro ser no podría quedar jamás vacío de pensamientos y de recuerdos. Entonces, la forma de renovar esa agua sucia sería empezando a verter en esta botella de agua contaminada agua limpia. Una ley de física y de sentido común nos enseña que el líquido que se vierta en mayor cantidad, ocupará el lugar del que tiene menor cantidad. Así, si empezamos a crear nuevos hábitos, nuevos pensamientos, nuestros temores se irán alejando paulatinamente.

Acordémonos de que para lograr cambios en nuestra persona es necesario empezar poco a poco, para que sean cambios duraderos y efectivos.

He visto que los cambios en las personas se realizan más rápido cuando lo hacen por escrito. La escritura es una forma de visualizar desde afuera nuestros pensamientos. Es una manera de cristalizar, destilar y clarificar el pensamiento a veces tan enredado. Ayuda a separar el todo en partes, y así podemos llegar a metas específicas.

Usa tu imaginación y aprende de experiencias ajenas. El ser humano es el único animal que tiene la capacidad de aprender de otros.

A partir de hoy, visualiza situaciones en las cuales te cuesta trabajo controlar tu forma de ser, por ejemplo, conflictos con tu pareja, discusiones con tu hijo, un continuo mal genio con tus compañeros de trabajo, etc. Piensa de qué manera puedes darle profundidad a las diferentes situaciones por las que atraviesas, para que tu enojo no sólo se quede en un grito, sino que también puedas hablar con toda calma haciéndote responsable de lo que te corresponde y trascender en la vida de esa persona como un ser que te ama y respeta.

"Señor, concédeme coraje para cambiar las cosas que se pueden cambiar, serenidad para aceptar las que no se pueden cambiar y sabiduría para establecer la diferencia".

Anónimo

Entrelaza las hebras

Si nos imaginamos que cada acontecimiento positivo entre dos personas son unos hilos delgados, al unirlos o entrelazarlos, nos daríamos cuenta de la fuerza que pueden llegar a adquirir. Y aunque un hilo se llegase a cortar, hay tantos más, que no afectaría tanto.

Pero ¿qué pasaría si esta relación estuviera compuesta de un par de hilos nada más? Seguramente que, ante cualquier adversidad, se llegaría a romper.

Diez hilos de oro

Permítanme sugerir diez hilos emocionales capaces de construir una trenza fuerte.

1. Antes de pensar en recibir, mejor da

He descubierto que existe cierto placer en el dar. Y cuando ese dar es recibido y apreciado, el placer es mucho mayor. Si solamente has desarrollado la capacidad de ponerte feliz cuando recibes algo, es tiempo de que pruebes hacer las cosas a la inversa. Desarrolla la capacidad de gozar en el dar. Y no necesariamente hablo de cuestiones materiales, esas cualquiera las puede obsequiar, me refiero a las cosas que trascienden. Unas palabras de elogio, una caricia, besos, abrazos, notas de cariño, tus conocimientos, etc.

Mencioné conocimientos y no quiero continuar sin hacer un comentario sobre esto. En mi experiencia como alumna, no hay mayor gozo de estar en una clase cuando el profesor se entrega de alma y corazón, sobre todo en las cuestiones profesionales. Existen maestros eruditos en su materia, pero dan la clase de una manera dosificada como si los alumnos fueran a robarles sus técnicas y secretos. ¡Es tan absurdo tener tal actitud! Lo más sorprendente es que aquellos maestros que comparten y se entregan a sus alumnos tienen mayor éxito en su vida profesional, ¡y siempre provocan mayor admiración!

2. *Trata de comprender la situación del otro*

Queremos o hasta exigimos que todos nos entiendan, que no nos molesten cuando estamos de malas, ni cuando estamos ocupados. Que nos escuchen sin interrupción. Que si vamos a ver a alguien deje de hacer su trabajo para atendernos. Generalmente, pensamos que sólo nuestro punto de vista es el que cuenta.

Muy poca gente ha desarrollado la capacidad de percibir los sentimientos del otro. Tenemos que considerar que el otro es tan importante como uno mismo. No fuimos enseñados a manejar todos los sentimientos de una manera aceptable. Quizás haya situaciones en las cuales no estamos receptivos para algunos comentarios o enseñanzas. Las presiones de algunas situaciones nos distraen de todos.

De igual manera, puede estar sucediendo en la otra persona, así que si quieres que te comprendan, empieza por comprender a los demás. Por eso, no juzgues a la ligera cuando veas cualquier situación desagradable. Lo más probable es que detrás de aquella conducta haya mucho más. Cuántas veces hemos visto, como padres, que, detrás de un "berrinche", en un pequeño, hay una infección de oídos.

Los maestros tienen que ser muy observadores y sensibles. La gran mayoría de las conductas problemáticas en los niños se deben a las situaciones por las que atraviesan en su hogar.

En una empresa, la caída repentina del rendimiento de algún trabajador puede deberse a algún problema personal.

3. Los detalles y sus recompensas

"Los pequeños detalles se miden en gramos. Sus recompensas en toneladas".

Pequeñeces, una y otra vez. A veces negativas, como malos modales, pequeñas ofensas, pequeñas malas palabras, pequeñas asperezas, pequeñas faltas de respeto, pequeñas burlas, pequeñas ridiculizaciones, pequeñas mentiras, pequeñas humillaciones, etc.

En una relación, las cosas grandes son las pequeñas cosas que se fueron acumulando, así, muchas veces, al ver una relación totalmente destruida nos preguntamos qué pasó.

Las cosas pequeñas son como las termitas, son unos insectos pequeños que pueden acabar con edificios enormes.

En el aspecto positivo, pequeños detalles cariñosos, pequeñas atenciones, palabras dulces, actitud de ayuda y comprensión, pequeñas notas de cariño, simplemente, atención al otro, enriquecen una relación. Es un trabajo de cada día. ¿Cuántas veces pensamos en alguien con cariño y no nos tomamos el tiempo de expresárselo? Dos palabras que han hecho milagros, tan sencillas y tan difíciles a veces de expresar. "Te quiero".

Procura tener siempre cuidado con tus respuestas, pon énfasis en las oportunidades que tienes para demostrar que aprecias a alguien. Teniendo en cuenta que no somos dueños del tiempo, y que cuando menos lo esperamos se nos puede hacer tarde.

4. Las cartas sobre la mesa

Nada de lo que yo pensé que tú pensabas de lo que yo pensaba... es un trabalenguas que nos acontece bastante seguido. Como si la telepatía hubiese estado incluida en nuestro repertorio humano. No dudo de que algunos cuantos hayan desarrollado tal percepción, pero creo que la gran mayoría no poseemos ese don, y por lo tanto, vale la pena mencionar que es bueno aclarar verbalmente cada detalle en los acuerdos, para evitar malos entendidos. Al igual que las expectativas en un trabajo. ¿Qué se espera de mí?, ¿cuáles son mis responsabilidades?, etc.

Cuando toco este punto, comparto un ejemplo típico de no haber aclarado las expectativas.

En una ocasión, antes de salir de casa, dejé instrucciones a la muchacha que me ayudaba, de poner el pollo en la olla a presión, "sin nada de condimentos ni hierbas, así solito". Al regresar del trabajo, mi casa olía a campamento de niños (ya conocen sus experimentos). Al abrir la olla, vi aquel pollo de un color café oscuro y reducido a la cuarta parte. Mi pregunta fue: ¿Qué le pusiste al pollo? Y la respuesta fue sencilla: "Lo que usted me dijo, nada".

Ni hablar, ¡yo daba por entendido que una olla a presión lleva agua! Y no me tomé el tiempo necesario para explicar cada detalle.

A veces, aclarar lo que se espera del otro o qué esperan de uno en alguna actividad evita muchos conflictos. Reconozco que lleva un poco más de tiempo y esfuerzo al principio, pero el ahorro de grandes cantidades de tiempo y esfuerzo se aprecia más adelante.

5. Sé honesto ante todo

Somos seres humanos, y por lo tanto, tenemos varias limitaciones, entre ellas está la equivocación. Ensayo y error es la manera de aprender. Es más valiente aquél que acepta sus limitaciones, reconociendo que no es perfecto. Por eso es válido que digamos "no sé", ante alguna pregunta que no sabemos responder.

La mentira degrada a cualquier ser humano. Hace que la gente no confíe en nosotros y, si se trata de alguien importante en nuestra vida, es una verdadera desgracia.

6. Aprende a pedir disculpas

Si sabemos que de todas maneras se va a demostrar nuestro error, ¿no es mucho mejor ganar la delantera y reconocerlo por nuestra cuenta?

Y para ilustrar esto, les cuento un suceso: El otro día venía con mi hija Andrea manejando con mucha prisa.

Llegué a un semáforo que tenía luz roja. Al ver que no había ningún coche por ningún lado, decidí pasar aquella luz. Cuando, de repente, de no sé dónde, salió una patrulla de tránsito. En cuanto se me acercó el policía, le dije: -Señor, tiene usted toda la razón por pararme. Me pasé la luz de alto, discúlpeme, fui muy descuidada. El agente no supo ni qué decir al ver esta actitud. Sólo expresó: -Bueno, tenga mucho cuidado.

Fue una lección para Andrea, es más fácil pedir perdón que discutir.

7. Demuestra integridad en lo que dices y haces

Si quiero que la gente confíe en mí es importante que exista congruencia entre lo que digo, predico y enseño, y mi conducta.

Nuestros hijos, alumnos, empleados y hasta nuestro cónyuge, captan solamente el diez por ciento de nuestras palabras y un noventa por ciento de nuestros actos. La vista es un sentido que capta más rápidamente lo que acontece a nuestro alrededor de lo que escuchamos.

El ser personas íntegras crea puentes de confianza entre nosotros y los demás. Cuidemos entonces nuestras promesas. De nosotros depende el que la gente nos crea o no. Si cada vez que emitimos una promesa la cumplimos, seguramente no existirán dudas posteriores, pero si con facilidad rompemos nuestras promesas difícilmente se nos creerá. Mejor es no prometer.

8. Sólo si va a mejorar el silencio, habla

Y esto lo recomiendo, sobre todo, en una conversación tensa entre dos o más personas. Hay muchas frases célebres que hablan del silencio como una garantía de no empeorar situaciones. Es bien sabido que para que no haya pleito lo mejor es no discutir. A nadie le gusta perder, así que si te enfrentas con alguien que defiende a toda costa su punto de vista mejor es quedarte callado. Esa persona no se encuentra con el canal de comunicación abierto y por nada escuchará lo que le dices. Cuando surge una discusión, quizá, si guardas silencio, tus palabras serán más deseadas. Se necesita tener cierto tacto para hablar cuando se debe y callar cuando se debe.

9. Aprende a escuchar

No se necesita ser experto para darse cuenta de que más de la mitad de las personas NO saben escuchar. Siempre advierto a mi auditorio que la próxima vez que vayan a una reunión, solamente estén de observadores. Es constante ver una y otra vez cómo la gente está esperando su turno para hablar. La conversación, si así la quieren llamar, lo único que tiene en común es el tema, cada uno cuenta sus experiencias como si estuvieran discutiendo dos niños sobre cuál de sus padres es mejor, cada uno hablando y presumiendo de los "superpoderes" que poseen.

El que realmente sabe escuchar, es el que pone atención en lo que el otro está diciendo y, además, lo invita a seguir hablando. Casi todos tenemos por costumbre el atraer a la gente con nuestro modo de pensar y hablamos demasiado, interrumpiendo ante la menor oportunidad. Los vendedores, especialmente, son adictos a este costoso error. Dejemos que hable la otra persona, hagámosle preguntas, alentémosla para que exprese todas sus ideas. Y si no estamos de acuerdo no interrumpamos, puesto que no nos prestará atención. Su cerebro está bloqueado con datos que tiene que emitir, y después de haber terminado de hablar, lo más probable es que entonces sí nos escuche. Por lo tanto, primero escucha y deja que el otro se desahogue.

En una ocasión, leí un libro que hablaba sobre el arte de la conversación. En resumen decía que si quieres impactar a alguien en una conversación, deja que el otro hable, interésate en su tema y, seguramente, terminará con una impresión maravillosa de la magnífica e interesante persona que eres.

Por otro lado, no hay nada más enriquecedor que estar al lado de una persona con la que se pueda dialogar, y que nos haga sentir importantes por prestarnos atención y, de igual manera, nosotros la escuchemos.

10. No critiques

He decidido dedicarle un capítulo a este tema.

¿Por qué la crítica no funciona?

Como buenos seres humanos tendemos a pensar que solamente nosotros somos los mejores, solo nosotros pasamos el control de calidad al nacer y, por lo tanto, lo que yo piense es lo mejor.

La crítica a la que me refiero no es constructiva o consentida por el otro. Es un juicio desfavorable, una censura, un ataque. Es aquella que expulsamos de nuestra boca con una intención de encontrar y remarcar los defectos de los demás para que a nosotros se nos dé un crédito mayor. Es hacia la persona en sí, no hacia sus actos. Y la intención, dicen muchos, es buena. El resultado es bajar la autoestima.

Es algo común entre parejas, entre padres e hijos, entre hermanos, entre compañeros, maestros, maestros y alumnos, entre compañeros de trabajo, etc.

La que más se observa es entre padres e hijos con la intención "buena" de ayudar a sus hijos. No confundamos la corrección con la crítica. La primera es dirigida a los actos, y como padres tenemos la obligación de instruir a nuestros hijos. La crítica que no funciona es hacia la persona. Quiero mencionar tres puntos para señalar por qué la crítica no funciona.

1. Crea problemas

a) La gente sigue la contra con sus palabras. La contestación más común es: "Bueno, ¿y?". Posteriormente, termina aquello en pleito.

b) Guardan distancia. La gente no se nos acerca cuando la criticamos. Conozco a una señora que critica a su hijo de manera inconsciente. Cada vez que el niño se acerca a ella para contarle algún suceso, la madre empieza: ¡Párate derecho!, ¡qué pelos traes, tus dientes no están muy limpios!

Está bien, son correcciones, pero no es el momento de llevarlas a cabo. Seguramente este adolescente no va a acercarse tanto a su madre, pues cada vez que piense en contarle algo, recordará las críticas continuas a su persona.

c) La comunicación se deteriora. Si hubo buena relación alguna vez, el alimentar el hábito de la crítica, hace que la comunicación vaya sustituyéndose cada vez más por alguna otra actividad. La gente ya no se acerca tanto como antes, huye de nosotros por este hábito.

d) Buscamos la compañía de otros. Recordemos algo. "La gente NO está con nosotros por lo que somos, sino por cómo la hacemos sentir". Y esto no lo tienen que decir los eruditos. Analicemos: ¿con quién realmente nos sentimos a gusto, con los que nos censuran o con los que nos reconocen y elogian?

2. La crítica puede destruir el amor, la amistad, el cariño de una relación

Quizás antes éramos cuidadosos de no herir a las personas y cuidábamos nuestra forma de corregir. Si últimamente has notado que la gente te huye, analiza tu actitud de crítica.

3. Provoca rebeldía

Cuántos casos hemos oído de que precisamente lo que más les molesta a los padres es lo que lucen con mayor orgullo el hijo o la hija.

En una ocasión, escuché que el cambio viene con la libertad. ¡Qué cierto es! Cuando realmente sabemos vender nuestras ideas, el cambio que se efectúa en la otra persona es genuino, no por nuestro mero capricho.

Estadísticamente se dice que un niño/a recibe un promedio de mil críticas al año a cambio de cinco o ningún elogio.

Cuando los padres me preguntan cómo tienen que hacer para cambiar alguna conducta de sus hijos, les propongo una técnica que aprendí en un curso. La técnica "Sandwich". Y ésta es así: Empezamos elogiando alguna conducta positiva, mencionamos la conducta negativa, cerramos con otro elogio, por ejemplo: Supongamos que tu hijo olvida apagar la computadora luego de utilizarla, y eso es algo que le has pedido varias veces. La técnica sugiere que se empiece con un elogio: -Jorge, me da gusto tener un hijo tan inteligente.

Luego, se menciona la conducta que se quiere cambiar: -Sé que ya estás poniendo más cuidado en apagar la computadora como te pedí.

Y se termina con otro elogio: -Sabía que podía contar con tu apoyo en cualquier momento.

Se le ha llamado la atención indirectamente sobre la conducta que se quería cambiar, es una manera sutil de vender una idea en donde la otra persona se compromete por orgullo propio. En la mayoría de los casos, funciona, y en los niños favorece la autoestima, pues damos por sentado que un error ya lo ha modificado. Llamar la atención indirectamente sobre los errores obra maravillas sobre personas sensibles que pueden resentirse ante una crítica directa.

Como mencioné antes, los padres se sienten tentados de criticar a sus hijos, quizá lo eviten al leer este libro, pero, tal vez, mañana cometan el mismo error. He visto que uno de los clásicos del periodismo norteamericano, "Papá olvida", se queda en la mente del que lo lee o lo escucha, y permite que hagamos una reflexión más profunda.

Apareció por primera vez como editorial en el diario *People's Home Journal*. Se volvió a publicar con permiso del autor, tal como fue condensado en la revista *Selecciones del Reader's Digest*. Y aquí lo tomé del libro *Cómo ganar amigos*, de Dale Carnegie.

Desde que apareció por primera vez hace unos treinta años, ha sido reproducido, dijo el autor, W. Livingston Larned, "en centenares de revistas y diarios del país entero; también se ha publicado infinidad de veces en varios idiomas extranjeros; se autorizó su lectura en escuelas, iglesias, y conferencias".

PAPA OLVIDA

(W. Livingston Larned)

Escucha, hijo: voy a decirte esto mientras duermes y veo una manita metida bajo la mejilla y los rubios rizos pegados a tu frente humedecida. He entrado solo en tu cuarto. Hace unos minutos, mientras leía mi diario en la biblioteca, sentí una ola de remordimiento que me ahogaba. Culpable, vine junto a tu cama.

Esto es lo que pensaba, hijo: me enojé contigo. Te regañé cuando te vestías para ir a la escuela, porque apenas te mojaste la cara con una toalla. Te regañé, porque no te limpiaste los zapatos. Te grité, porque dejaste caer algo al suelo.

Durante el desayuno te regañé también. Volcaste las cosas. Tragaste la comida sin cuidado. Pusiste los codos sobre la mesa. Untaste demasiado el pan con mantequilla. Y cuando te ibas a jugar y yo salía a tomar el tren , te volviste y me saludaste con la mano y dijiste: "Adiós, papito!". Y yo fruncí el entrecejo y te respondí: "¡Ten erguidos los hombros!".

Al caer la tarde todo empezó de nuevo.

Al acercarme a casa te vi, de rodillas, jugando en la calle. Tenías agujeros en las medias. Te humillé ante tus amiguitos al hacerte marchar a casa delante de mí. Las medias son caras, y si tuvieras que comprarlas tú, serías más cuidadoso. Pensar, hijo, que un padre diga eso...

¿Recuerdas, más tarde, cuando yo leía en la biblioteca y entraste tímidamente, con una mirada de persegui-do? Cuando levanté la vista del diario, impaciente por

la interrupción, vacilaste en la puerta. "¿Qué quieres ahora?", te dije bruscamente.

"Nada", respondiste, pero te lanzaste en tempestuosa carrera y me echaste los brazos al cuello y me besaste, y tus bracitos me apretaron con un cariño que Dios había hecho florecer en tu corazón ¡y que ni aun el descuido ajeno puede agotar! Y luego te fuiste a dormir, con pasitos cortos y ruidosos por la escalera.

Bien, hijo, poco después fue cuando se me cayó el diario de las manos y entró en mí un terrible temor.

¿Qué estaba haciendo de mí la costumbre? La costumbre de encontrar defectos, de reprender; ésta era mi recompensa a ti por ser un niño. No era que yo no te amara; era que esperaba demasiado de ti. Y medía según la vara de mis años maduros.

Y hay tanto de bueno y de bello y de recto en tu carácter. Ese corazoncito tuyo es tan grande como el sol que nace entre las colinas. Así lo demostraste con tu espontáneo impulso de correr a besarme esta noche. Nada más que eso importa esta noche, hijo. He llegado hasta tu camita en la oscuridad, y me he arrodillado, lleno de vergüenza.

Es una pobre explicación; sé que no comprenderías estas cosas, si te las dijera cuando estás despierto. Pero mañana seré un verdadero papito. Seré tu compañero, y sufriré cuando sufras, y reiré cuando rías. Me morderé la lengua cuando esté por pronunciar palabras impacientes. No haré más que decirme, como si fuera un ritual: "No es más que sólo un niño, un niño pequeñito".

Temo haberte imaginado hombre. Pero al verte ahora, acurrucado, fatigado en tu camita, veo que eres un bebé *todavía. Ayer estabas en los brazos de tu madre, con la cabeza en su hombro... He pedido demasiado, demasiado...*

"En lugar de censurar a la gente, tratemos de comprenderla. Tratemos de imaginarnos por qué hace lo que hace. Eso es mucho más provechoso y más interesante que la crítica; y de ello surge la simpatía, la tolerancia y la bondad. Saberlo todo es perdonarlo todo. Si el mismo Dios, Señor, no se propone juzgar al hombre hasta el final de sus días. Entonces, ¿por qué hemos de juzgarlo usted y yo?".

Dale Carnegie

Seis reglas para un desacuerdo

El hecho de que yo esté implementando nuevas actitudes positivas, no quiere decir que voy a pensar como toda la gente. Soy una persona única con mis propias experiencias y mis propias deducciones. Tengo por lo tanto derecho a pensar de manera diferente.

Para llevar a cabo una "buena pelea", recomiendo tener en cuenta los siguientes seis puntos:

1. Elige el momento oportuno

No es bueno empezar una discusión en un lugar que no vaya a favorecer la relación, ni en un momento en donde el tiempo sea su peor enemigo. El otro día en el aeropuerto, vi a una señora comenzando un pleito en el momento que su esposo tenía que abordar un avión. No sé qué razones tendrían, pero, seguramente, se quedaron en la mitad, con malestar, y sin conclusión.

Hay quienes comienzan una discusión antes de dar algún discurso o en plena fiesta de cumpleaños, o en la mitad de una película del cine... ¡Hay que ser oportunos en tiempo y en lugar!

Por favor, no discuta delante de sus hijos, ellos sacan sus propias conclusiones y, en la mayoría de los casos, erróneas.

2. Lleva preparada una posible solución al conflicto

Cuando corregimos a los hijos, siempre es bueno exponer lo que nos molesta y, posteriormente, lo que esperábamos.

En una ocasión, nos invitaron a una reunión para conocer al candidato de la Presidencia Municipal de nuestro Estado. Y este político muy atinadamente nos dijo: "Con todo gusto escucharé sus quejas, siempre y cuando vengan con una posible solución".

En la Biblia, en el libro de Efesios 4, 28, Pablo nos enseña cómo trataba el problema del robo. "El que hurtaba, no hurte más...", se menciona la corrección y de inmediato una solución positiva y beneficiosa: "...Sino trabaje, haciendo con sus manos lo que es bueno, para que tenga qué compartir con el que padece necesidad".

Una alternativa es saludable y abre la mente del otro.

Es fácil quejarse sin pensar... Así que la próxima vez que te quejes, lleva una solución posible.

3. Comprométete a ser honesto y decir la verdad

Sólo discute un problema por vez. Y da preferencia al que se presenta en ese momento. Es muy común que, al hablar de un tema, saltemos de época y problema para aprovechar la situación. Esposos que discuten sobre algún problema actual de los hijos traen la infidelidad de la época de su noviazgo... Maestros que discuten sobre las tareas, recuerdan la contestación grosera del niño de hace tres años, etc.

A algunos nos gusta hacer teatro y representar un papel más cruel para hacer sentir al otro todavía peor. Seamos honestos.

4. Cuida tus palabras y tono de voz

El subir el tono de la voz no implica mejor comunicación. Es más, cuando el tono de alguien es muy alto, nuestro cerebro desarrolla un mecanismo de defensa para cuidar nuestro tímpano. Por lo tanto, un tono adecuado y controlado tiene mayores garantías de ser recibido.

Las malas palabras, la manera más baja de comunicarnos, más sutil de herir a alguien, y de no hacer uso de nuestra inteligencia, ya que las utilizamos cuando no encontramos las palabras adecuadas para expresar nuestros sentimientos. Es preferible reconocer que estamos enojados y posponer unos minutos más la comunicación. Las malas palabras hieren en lo más profundo a quien se las decimos. Y cuando nosotros hemos descargado nuestros sentimientos pensamos que el otro también lo ha hecho. Desgraciadamente, la mente ha recibido algo grande que tiene que procesar.

En varias ocasiones, he escuchado pacientes que recuerdan palabras ofensivas a su persona por parte de sus padres, y no las pueden olvidar. Son heridas tan fuertes que difícilmente las borran.

5. Jamás en público

"La ropa sucia se lava en casa". El poner en evidencia aspectos personales lo único que genera son sentimientos negativos a nuestro alrededor, y un resentimiento en contra de nosotros. Y los que escuchan, se sienten incómodos, y a veces son armas que nosotros mismos les ofrecemos en nuestra contra. No hay cosa más desagradable que en una casa en donde hay invitados, entre parejas, se pongan a discutir en público e involucren a los demás para que opinen al respecto.

Al fin y al cabo, los únicos que conocen bien el problema son los que deben opinar.

Cuando una pareja no puede afrontar sus conflictos, es recomendable que solicite la ayuda de un terapeuta o de algún consejero matrimonial que buscará el beneficio para ambos.

6. Si estás equivocado, admítelo rápidamente y da una disculpa

Sobre este tema hablé en el capítulo de "Entrelazar las hebras". Sólo recordaré que los seres humanos podemos equivocarnos. Aceptarlo es más noble que empezar un pleito dentro de nosotros mismos, porque sabemos que somos culpables.

Ganar/ganar

No quisiera pasar por alto este tema que menciona Stephen Covey en su libro *Los siete hábitos de la gente áltamente efectiva.*

Ganar/ganar no es una técnica; es una filosofía total de la interacción humana. Es uno de los seis paradigmas de esa interacción. Los demás paradigmas son: gano/pierdes, pierdo/ganas, pierdo/pierdes, gano, ganar/ganar o no hay trato.

Ganar/Ganar

Significa que hay un acuerdo entre ambas partes. Hay un beneficio para dos. Es cuando las dos partes están satisfechas. Y este paradigma lo podemos aplicar a cualquier aspecto de nuestra vida. En los negocios; buscando que el producto que ofrezco sea de satisfacción para el comprador, ambos salimos ganando. En el aspecto familiar, cuando no aprovechamos de nuestra autoridad para salir ganando como padres. Buscamos que los hijos y nuestro cónyuge estén satisfechos al igual que uno mismo en cualquier decisión.

Gano/Pierdes

Es un enfoque autoritario. Son personas que usan su poder, títulos, posesiones o la personalidad para lograr lo que persiguen a costas de otro. Es una competencia constante para obtener méritos. Es una comparación con alguien más, para retroalimentar el ego de ser el mejor.

Pierdo/Ganas

Estas personas tienen una baja autoestima y poca seguridad personal, con tal de ser aceptadas en cualquier grupo son capaces de sacrificar sus posesiones y hasta la dignidad. Personas abnegadas que, a cambio de un poco de atención, no les importa estar perdiendo constantemente. Aquí los padres ejercemos un papel muy importante en alimentar la autoestima de nuestros hijos.

Pierdo/Pierdes

Es la filosofía de la guerra. Si voy a perder, pues tu también. Es la gente que tiene rencor en su corazón y que está acostumbrada a fastidiar al prójimo. No sabe reconocer un triunfo, sólo quiere ganar o que el otro comparta su mismo malestar cuando ésta pierde.

Gano

Es lo más común en una negociación. No hay afectados. Superaciones personales sin pasar sobre nadie. Independencia total.

Ganar/Ganar o no hay trato

Cuando se dice no hay trato es porque no se puede encontrar una solución que beneficie a ambas partes. Piensa en un pleito entre niños que quieren el mismo libro... ¡ni uno, ni otro!

Si quieres un jardín con flores, siembra

Hay una especie de semillas, que garantizo darán las flores más hermosas que puedes recoger. Son las semillas "A".

1. La Semilla de Apoyo

Hay tres tipos de personas, las que no apoyan, las indiferentes y las que apoyan. De estas tres, se le da la bienvenida a cualquier lugar a la que apoya. Cuando encuentras a alguien que cree en ti, que te estimula a confiar en tus planes, difícilmente la dejas ir. Es parte de un aprendizaje ser una persona que sepa dar apoyo. Y si no lo has hecho, inténtalo. Sé del tipo de personas que son deseables.

2. La Semilla de Afecto

La demostración del afecto es aprendida. Si tuviste la suerte de haber nacido en un hogar con muchas demostraciones físicas, no titubees en llevarlas a cabo en cuanta oportunidad tengas, con la gente que te rodea. Conozco personas que son más frías que un témpano de hielo, y que ante el mínimo acercamiento se tensan. Es muy sano tener contacto físico. Los bebés que reciben afecto corporal se desarrollan mucho mejor que los que carecen de él.

3. La Semilla de Atención

En esta vida tan llena de actividades, no tenemos ni tiempo para conversar de cosas "triviales", es lo que pensamos. El mejor consejo que he recibido sobre comunicación fue por parte de la maestra del jardín de mi hija Mariana. Me dijo: "Si quieres que tus hijos conversen contigo de adolescentes... cuéntales cuentos de pequeños". Apliqué este consejo durante su niñez y ya he empezado a recibir sus frutos.

Pongamos atención en los detalles. Positivos, para reforzarlos y negativos, para desvanecerlos.

4. La semilla de la Aceptación

Lo que es ya es. El tiempo pospretérito de los verbos no "debería" existir. La mayor parte del tiempo escucho reclamos sobre la carencia de habilidades de algunas personas. Por favor, sobre el aspecto físico, recordemos que no se nos dio opción. Nadie es responsable de haber nacido con ojos claros, pelo rubio, y manos grandes, hombre o mujer. Es más fácil aceptar a las personas como son, y buscar sus cualidades.

5. La semilla de la Apreciación

Cada logro que obtiene un ser humano, si es apreciado, lo hace elevarse, pero cuando se menosprecia se produce una desmotivación y, por lo tanto, esa energía y gozo se pueden convertir en apatía.

6. La Semilla del Amor

Con sus características tan intrínsecas de este sentimiento, mencionaré sólo algunas: "Es benigno, nunca
deja de ser, no guarda rencor, no se envanece, no se
irrita, todo lo espera, no tiene envidia, no es irrespetuo-
so, todo lo soporta..." (1 Corintios 13, 4-7). En resumen,
es la semilla mayor que, si germina, es la garantía de un
jardín bellísimo.

La soledad,
decisión personal

Millones de personas sufren de aislamiento pensando que nadie los quiere o, peor aún, que no son importantes.

Para la mayoría de los humanos esto es algo pasajero, pero para otros es como morir poco a poco.

¿Por qué se siente sola la gente?

1. Por el rechazo

Las personas más solitarias son aquellas que se sienten inseguras del amor de sus padres y esto les impide confiar en la gente.

A veces prefieren permanecer calladas, porque quizás alguien se burló de ellas constantemente y les produjo una sensación de indignidad e inseguridad. En una encuesta hecha en un asilo, se mostró que solamente el treinta por ciento de los que viven allí son visitados por otras personas, con un promedio de una o dos veces al año.

2. Por la separación

- Un cambio de casa a otra ciudad puede ser más negativo que positivo. Pero la adaptación está en nuestras manos.

- La muerte de un ser querido, muchas veces, distorsiona las bondades de la vida. Nos cerramos de tal manera que no queremos buscar otras alternativas para seguir adelante y disfrutar de los años que nos quedan en el mundo.

- El divorcio, esa separación que cada vez es más común entre nosotros, sigue siendo una de las heridas más dolorosas del ser humano. Nos deja una huella de amargura y desolación.

Cuando no hay con quién conversar, ni compartir nuestros éxitos y fracasos, nuestros temores y alegrías, la vida no tiene razón de ser. Por lo tanto, si atraviesas por alguna de estas separaciones, de ti depende el integrarte nuevamente en un grupo poco a poco.

3. Por la falta de una relación profunda y sincera

A veces, la falta de comunicación en una pareja de muchos años. Han dormido juntos y no se conocen lo suficiente, se dejan llevar por esos miedos que no les permiten ser genuinos y abrirse y mostrarse tal como son. El miedo al rechazo...

¿Es posible vencer la soledad?

El precio que tenemos que pagar por mantener vivas nuestras defensas egoístas, es la soledad. Sin embargo, ¡sí es posible vencer la soledad!

- 1. Si manejamos nuestra culpabilidad y aprendemos a perdonarnos por fallas cometidas nos vamos a aceptar y quizá cambiaremos nuestro rumbo, si el camino es negativo.

- 2. Restaurando las relaciones con nuestros amigos. Observa tu carácter y haz una evaluación.

  ¿Por qué no tienes amigos verdaderos?

  ¿Estarás ahuyentando a otros por tus actitudes y acciones?

Recuerda que nadie quiere relacionarse con gente amargada, enojada, negativa y egoísta.

Existen prejuicios en nuestra propia cabeza, por ejemplo, la viuda que piensa que divertirse ya no puede ser parte de sus actividades. Reconsidéralo y otra vez sonríele a la vida.

Los recuerdos tienen un lugar importante, pero no podemos vivir atados a ellos.

- 3. Verifica si tu amargura te provoca el retraimiento.

Si fuiste lastimado de alguna manera en el pasado, probablemente no querrás arriesgarte otra vez, pero si persistes en esa actitud negativa, estarás impidiendo el proceso recuperador. Abre tu corazón y date otra oportunidad, seguro que encontrarás a una persona con ideas afines a las tuyas.

• 4. Rechazando la autocompasión.

La pregunta sin respuesta es: ¿Por qué me pasó esto a mí?

Si constantemente estamos alimentando nuestros pesares más se quedan anclados en nuestro interior, y las heridas emocionales no tienen otra alternativa que seguir sangrando.

El aislamiento rara vez resuelve una necesidad emocional.

• 5. Renunciando a las actividades que nos propician la soledad y evitan que nos relacionemos con otros.

Computadoras, televisión, walk-man, etc., artículos que deben ser dosificados, alimentan el aislamiento de una manera muy dulce.

• 6. Teniendo la iniciativa de buscar gente con quien poder relacionarnos e iniciar una buena y sincera amistad.

No espere que la gente venga, usted vaya en busca de ella.

La personalidad perfeccionista

En páginas anteriores, he planteado soluciones para ir formando un estilo de vida que generará en nosotros una actitud positiva, por medio de disciplina, cambios de hábitos negativos, formas de tratar a los demás. Sin embargo, en esta parte, quisiera hablar sobre el trato que nos damos a nosotros mismos. Porque parece ser que es muy común que seamos "luz de la calle y oscuridad de nuestra casa". Un tipo de personalidad que sufre mucho en nuestra cultura es la del "perfeccionista". Y para ilustrar esto un poco empezaré con una fábula de Esopo.

Esopo cuenta que un pobre granjero descubrió un día que su gallina había puesto un reluciente huevo de oro. Primero pensó que debía tratarse de algún tipo de fraude. Pero cuando iba a deshacerse del huevo, lo pensó por segunda vez, y se lo llevó para comprobar su valor.

¡El huevo era de oro puro! El granjero no podía creer en su buena suerte. Más incrédulo aún se sintió al repetirse la experiencia. Día tras día, se despertaba y corría hacia su gallina para encontrar otro huevo de oro. Llegó a ser fabulosamente rico; todo parecía demasiado bonito para que fuera cierto.

Pero, junto con su creciente riqueza, llegaron la impaciencia y la codicia. Incapaz de esperar día tras día los huevos de oro, el granjero decidió matar a la gallina para obtenerlos todos de una vez. Pero, al abrir el ave, la encontró vacía. Allí no había huevos de oro, y ya no habría modo de conseguir ninguno más. El granjero había matado a la gallina que los producía.

Si usáramos esta fábula metafóricamente diríamos que estamos más preocupados por nuestros resultados que por nosotros mismos. Y peor aún, nosotros mismos somos el granjero que nos presionamos a dar "huevos de oro", resultados perfectos, a expensas de terminar con nuestra propia vida. Junto con la manera occidental de pensar en que somos seres perfectos sin posibilidad de cometer un error. Exprimimos todo nuestro ser con tal de ser aceptados por los demás y por nosotros mismos.

Ricardo Peter, en su libro *Para una terapia de la imperfección*, nos muestra que intentar la perfección no hace perfecto al hombre, sino todo lo contrario; hace que se sienta en un estado de disgusto crónico.

A diferencia de la gallina de la fábula, no somos seres de perfección en nuestra producción. Nuestra conducta, pensamientos, respuestas, sentimientos son tan vulnerables que debemos aprender a aceptar nuestros límites. Ya que el resultado de una no aceptación es la desestima que nos lleva a no soportarnos a nosotros mismos por no ser perfectos. Para dar buenos resultados es importante cuidar mucho al que los produce; es decir a nosotros mismos.

Desde pequeños, fuimos valorados por nuestros actos, lo que decíamos, lo que podíamos comprobar era lo que valía, sin tomar en cuenta lo que pensáramos en momentos difíciles, por lo tanto, los errores siempre fueron castigados, al principio por los demás y después por nosotros mismos. Ese tipo de pensamiento de la "no equivocación nunca" fue el que aprendimos como único.

"La cultura de la perfección -dice Ricardo Peter- es sencillamente inhumana. Reconocer nuestros límites NO es un signo de mediocridad; es un gesto que requiere mucho valor".

Tenemos que aprender a examinar la actitud que adoptamos ante nuestras equivocaciones, errores y fracasos. Ante los sentimientos hostiles y contradictorios que sentimos después de cometer un error. ¿Nos aceptamos como somos o tendemos más bien a culparnos?

Las personas perfeccionistas no distinguen entre su acción y su persona. Para ellos, errar es siempre un fallo, y quien falla es la propia persona humana.

"He cometido un fallo, por lo tanto soy un fracasado". Generalizan los actos con su propia persona lastimando su estima y cayendo en el autodesprecio. Ninguna derrota es total, si la consideramos como una parte válida de nuestra experiencia humana. Y esto es importante, porque quien rechaza sus límites, es incapaz de aceptar los límites de los demás.

Si fuéramos más inteligentes nos daríamos cuenta de que el error es un acontecimiento que va ligado a lo humano y cuando tiene lugar, se convierte en nuestro maestro.

La búsqueda de la perfección nos lleva a rechazar los aspectos de la vida que consideramos negativos. Se da el caso de que estos aspectos forman parte de la vida, y que la vida hay que aceptarla en cada una de sus partes.

Una conciencia arrogante o autoritaria no puede ayudarnos a aceptar nuestros errores.

Cometer errores forma parte del precio de la vida. Vivir equivale también a cometer errores una y muchas veces a lo largo de la propia existencia. La vida puede resistir los errores, está hecha a base de acierto/error, ¿o no?

La perfección es mortalmente seria, el perfeccionista es tan serio que llega a tomar seriamente sus errores y a pretender mucha "seriedad de vida" en los demás.

Esto no es sano, crea en nosotros mismos una enfermedad que nos va desgastando día a día. No puede haber humanización sin diversión. Esta es la alternativa para descargar las presiones de la vida que nosotros mismos nos hemos impuesto. La diversión nos hace festivos, cordiales, pacientes, comprensivos y resistentes a los choques de la vida.

La vida es impermeable a todo, excepto al rechazo de uno mismo. No hay mal tan mortífero como el autodesprecio, pues pulveriza la razón de vivir.

Vivir humanamente quiere decir también recuperarse, probar de nuevo, intentarlo una vez más, volver a empezar, rehacer el camino, volver a la mesa de juego para una nueva apuesta.

> *Tener cuidado de uno mismo,*
> *ser compasivo,*
> *gentil,*
> *tierno,*

clemente,
y solícito con uno mismo es la verdadera solución a
nuestra propia destrucción.

El perfeccionista es un ser muy frío. Vive con la llama del sentimiento al mínimo, sin reconocer que es el mismo sentimiento el que hace a las personas más humanas, es decir, más vulnerables, más frágiles.

El perfeccionista percibe la debilidad como una amenaza, en lugar de verla como su aliada para comprenderse más a sí mismo.

El hombre, afortunadamente, tiene la posibilidad de recorrer un camino alterno al camino de la perfección, de hacer una opción diferente; la de hacerse lo más humano posible.

El perfeccionismo acaba con nosotros mismos, y somos nosotros los únicos dueños de esa llave interna para escoger una opción en la vida, la única alternativa que nos ayudará a ser realmente felices: aceptarnos como seres humanos.

"Reconocer los límites puede crear un sentido momentáneo de angustia y desconcierto, pero puede ayudarnos a crear un sentido nuevo de seguridad: amar y estimar a la persona que somos en el presente".

Melvyn Kinder

Siete necesidades básicas

A menudo, las personas que solicitan ayuda psicológica y psiquiátrica reconocen frecuentemente que padecen de sentimientos de insuficiencia y de minusvalía. Suelen percibirse a sí mismas como inferiores e inútiles, les cuesta trabajo dar o recibir amor. Tienden a sentirse aisladas y solas; avergonzadas o deprimidas, y a menospreciar su propio potencial y sus realizaciones. Nada tiene de sorprendente que un elevado nivel de ansiedad y una concepción negativa de sí mismo se correlacionan.

Por lo tanto, un buen concepto de sí mismo (autoestimación) es esencial para la felicidad personal y para el funcionamiento eficaz, lo mismo en los niños que en los adultos.

Existen siete necesidades básicas que toda la gente comparte.

1. La necesidad de relacionarse con otras personas

. Todos empezamos nuestra vida como niños totalmente dependientes de otros. Somos dirigidos, educados y sustentados completamente por otros. Sin sus cuidados sólo viviríamos una horas, o a lo sumo unos pocos días.

Conforme vamos creciendo y madurando, tomamos conciencia de que toda la naturaleza es interdependiente, de que existe un sistema ecológico que gobierna a ella y también a la sociedad. Además, descubrimos que los mayores logros de nuestra naturaleza tienen que ver con las relaciones con los otros, que la vida humana también es interdependiente. Nos desarrollamos en una sociedad, en la cual podemos experimentar el placer de la amistad.

Desde el momento en que nacemos, necesitamos interesarnos por otras personas, y necesitamos que ellas se interesen en nosotros. Es de suma importancia sentirnos absoluta y verdaderamente seguros de que somos especiales y queridos en nuestras relaciones.

2. La necesidad de abrazar y acariciar

Las caricias y los abrazos son la manera de consolarnos unos a otros. Los científicos saben que los bebés necesitan que los acaricien y los abracen. Cuando los bebés no tienen suficientes abrazos y caricias, no se desarrollan adecuadamente. Tienen problemas físicos y mentales.

Algo inherente en el contacto físico estimula la química del infante hacia el crecimiento mental y físico. Los infantes que son desatendidos, abandonados o que, por alguna razón, no experimentan suficiente contacto físico sufren un deterioro mental y físico que pueden llevarlos, incluso, hasta la muerte.

Existe una película documental *Second Chance* (Segunda Oportunidad). Hoffman-La Roche Laboratory,

Nutley, N. J., 07110, en donde se ilustra dramáticamente la necesidad del tacto.

Cuando el padre de Susana la dejó en un gran hospital infantil, la niña tenía 22 meses de edad, pero su peso (6750 gr) correspondía a una niña de cinco meses, y su tamaño (56 cm) al de una niña de 10 meses. Prácticamente, carecía de habilidades motoras, no podía gatear, ni podía hablar; casi ni podía balbucear siquiera. Si alguien se le acercaba, ella se retiraba llorando.

Después de tres semanas, durante las cuales nadie visitó a Susana, una trabajadora social se puso en comunicación con la madre. Tanto el padre como la madre tenían una educación superior a lo normal, pese a lo cual la madre se quejó: "Los niños son una pobre excusa para los seres hmanos". Hablando de su hija, dijo que a Susana no le gustaba que la cargaran en brazos y que prefería que la dejaran sola; dijo, además, que había abandonado todo esfuerzo por tener contacto con Susana y, en cuanto a cuidarla, admitió: "No quiero hacerlo más".

Los exámenes clínicos demostraron que no existía ninguna causa fisiológica que explicara el retardo físico y mental extremo de Susana, y su caso fue diagnosticado como "síndrome de privación materna".

Se llamó entonces a una madre sustituta voluntaria para que, durante seis horas diarias, cinco días a la semana, le diera cariño a la niña. El personal de planta del hospital también dedicó mucha atención a Susana, cargándola en brazos, meciéndola y alimentándola con abundancia de intenso contacto físico.

Dos meses más tarde, Susana ya había generado una respuesta afectiva altamente evolucionada, aunque todavía continuaba siendo una niña insuficientemente desarrollada para su edad. Había subido casi 3 kg de peso y crecido 5 cm. Sus capacidades motoras se habían desarrollado notablemente; podía gatear por sí sola o caminar, si alguien la ayudaba. Ya no demostraba temor a personas poco conocidas. El cariño había logrado un efecto sorprendente sobre Susana.

A medida que un niño crece, el hambre primaria temprana por el tacto físico real se modifica y se convierte en hambre de reconocimiento. Una sonrisa, una señal de asentimiento, una palabra, un ceño fruncido, un gesto, reemplaza finalmente a algunas caricias físicas. Como el tacto, esas formas de reconocimiento, ya sea positivas o negativas, estimulan el cerebro de quien las recibe y sirven para comprobar el hecho de que está ahí y está vivo. Las caricias de reconocimiento impiden, además, que el sistema nervioso se "consuma".

3. La necesidad de pertenecer y de sentirse "uno" con los otros

Desde temprana edad, todos tenemos a alguien a quien respetar y admirar. Y queremos ser como ellos. Quizás imitemos su manera de caminar o de vestir y las cosas que dicen. Esto nos ayuda a sentirnos como que somos parte de sus vidas, y aun parte de ellos en nuestro interior. Sentimos que encajamos, que somos uno con ellos.

La otra manera de satisfacer nuestra capacidad de sentirnos "uno" con los otros es ingresar en algún grupo Scouts, equipos deportivos, clubes de computación, nuestra iglesia, etc.

Muchos de los síntomas que la gente desarrolla cuando no puede satisfacer la necesidad de pertenecer son: fantasías excesivas, tartamudeo, pérdida del apetito, la depresión, varias formas de obsesión, entre otras. Algunos padecen verdaderas indisposiciones gástricas, palpitaciones cardíacas y molestias, y dolores musculares de origen desconocido.

4. La necesidad de ser diferente y aparte

Todos necesitamos sentirnos diferentes, únicos y aparte. Necesitamos poder decirnos a nosotros mismos: "no hay nadie más como yo en el mundo, soy una pieza original".

También necesitamos poder decir a los otros: "Yo no soy tú, soy diferente de ti". Quizás hasta tengamos que decirle "no" a las cosas que ellos nos han enseñado. Así es como definimos y descubrimos quiénes somos realmente y aquello en lo que verdaderamente creemos.

La necesidad de sentirnos diferentes y aparte puede aparecer como lo opuesto a la necesidad de pertenecer y sentirse "uno" con otras personas, de hecho sí lo es. Tú irás de un lado a otro entre estas dos necesidades a lo largo de tu vida. Algunas veces imitarás a cierta persona que admires. En ocasiones, tú permitirás que tus propias aptitudes e intereses se expresen, y sean imitadas.

El Dr. James Gordon Gilkey dijo que el problema de querer ser uno mismo es "viejo como la historia y tan universal como la vida humana". Y este problema de no estar dispuesto a ser uno mismo es la fuente de infinidad de neurosis, psicosis y complejos. Angelo Patri ha escrito trece libros y miles de artículos para periódicos sindicados sobre el tema de la educación infantil y escribe: "Nadie es tan desgraciado como el que aspira a ser alguien y algo distinto de la persona que es en cuerpo y alma".

El ansia de ser algo que no se es se manifiesta de modo muy acentuado en Hollywood. Sam Wood, uno de los directores más conocidos, dice que el mayor problema que tiene con los jóvenes actores aspirantes es exactamente este: que sean ellos mismos.

Recuerda: ...Suceda lo que suceda, tenemos que ser siempre nosotros mismos.

5. La necesidad de hacer algo por otros

Necesitamos cuidar de otras personas, ayudarlos y demostrar que nos importan.

Cuidar a otras personas hace que ellas se sientan bien, y también nos hace sentir bien por dentro. Esta necesidad nos retroalimenta pues al cuidar a otros permite que reafirmemos que somos útiles y capaces de hacer "algo" por alguien.

Alfred Adler, un gran psiquiatra, solía decirle a sus pacientes afectados por la melancolía: "Usted puede curarse en catorce días si sigue esta prescripción: Procure pensar cada día de qué manera usted puede complacer a alguien". El Dr. Adler nos invita a que realicemos una buena acción cada día. Y ¿qué es una buena acción? El profeta Mahoma dijo: "Una buena acción es la que provoca una sonrisa de alegría en el rostro de otro".

Carl Jung, otro reconocido psiquiatra dijo: "Una tercera parte de mis pacientes sufren, no de neurosis clínicamente definibles, sino de la carencia de sentido y del vacío de sus vidas".

Zoroastro dijo: "Hacer el bien a los demás no es un deber. Es una alegría, porque aumenta tu propia salud y tu propia felicidad".

Aristóteles llamó a esta clase de actitud "egoísmo ilustrado".

6. La necesidad de sentirse digno, valorado y admirado

Todos necesitamos sentirnos dignos y valorados. Necesitamos sentirnos reconocidos y admirados abiertamente.

Al principio, contamos con otras personas para que nos ayuden a sentirnos así. Con el tiempo, aprendemos a alentarnos y a congratularnos solos. A medida que otras personas descubren nuestros talentos y nuestras habilidades comenzamos a darnos cuenta de que valemos la pena y que nos valoran y merecemos ser admirados.

Como en todo lugar, hay personas que necesitan de nuestra ayuda para que se las reconozca y se sientan valoradas. Cuando un maestro fuerte sale en defensa del niño de la clase a quien se respeta menos, ocurre un cambio dramático en el clima emocional de la clase. El razonamiento es evidente: "Si Norma está a salvo del ridículo, yo también lo estoy".

Así que defendiendo al niño menos popular de la clase, el maestro ha conseguido:

- mostrar que nadie es privilegiado;
- que hay que respetar a todos y cada uno;
- que el maestro está siempre dispuesto a defender aquél que sea tratado injustamente.

7. La necesidad del poder en nuestras relaciones y en nuestras vidas

¿Acaso no es maravilloso saber que tenemos el poder de elegir lo que queremos pensar, decir y hacer?

Esta capacidad de hacer una elección consciente constituye la diferencia del hombre con los animales inferiores. Por medio del ejercicio de su poder de decidir, el hombre triunfa o fracasa en los negocios de la vida.

El poder es la capacidad o facultad de actuar, la fuerza y potencia para realizar algo. Es la energía vital para elegir y decidir. Incluye también la capacidad para superar hábitos profundamente enraizados y cultivar otros superiores, más efectivos.

Desde que el niño se desarrolla, es necesario empezar a darle cierta libertad para escoger su ropa, alimento en un restaurant, alguna clase en especial, amigos para su fiesta, etc.

Esto genera cierta satisfacción de saber que algunas de las cosas que hace, come, estudia son por elección propia, en las cuales ha ejercido cierto poder de decisión.

Somos responsables de nuestra conducta y de nuestros sentimientos. Nadie nos puede obligar a sentir enojo, tristeza, temor o vergüenza. Nosotros podemos escoger.

Necesitamos sentir que tenemos el poder para escoger a los amigos que queremos, y a la persona con la que planeo mi futuro sin que nada ni nadie me presione.

Al igual que los sentimientos, las necesidades no son ni adecuadas ni equivocadas, buenas o malas. Las necesidades simplemente son.

Autoestima

La autoestimación es un juicio personal de valor que se expresa en las actitudes del individuo respecto a sí mismo. Es una experiencia subjetiva que el individuo hace conocer a otros a través de informes verbales y de otras conductas extensivas patentes.

La autoestima es un factor esencial para la supervivencia psicológica. Y solamente el ser humano es el único animal que tiene conciencia de sí mismo, y la capacidad de constituir una identidad y, en seguida, formarse un valor.

En un estudio realizado con gran número de preadolescentes en los Estados Unidos, Coopersmith encontró marcadas diferencias en los mundos experimentales y en las conductas sociales de niños que diferían en su autoestimación. Los niños que tenían elevada idea de sí mismos se acercaban a las tareas y a las personas con expectativas de que serían bien recibidos y de que tendrían éxito. Algunas de esas características se repiten una y otra vez, entre las más notables están:

- hay confianza en las percepciones y en sus juicios;
- aceptan sus propias opiniones y tienen confianza en sus reacciones y conclusiones;
- esto permite atenerse a su propio juicio cuando existe una diferencia de opinión;

- permite también tomar en cuenta ideas novedosas;
- proporciona la convicción de que se tiene razón y el valor para expresar esas convicciones;
- las actitudes y expectativas lo llevan a una independencia social y a una mayor creatividad;
- la ejecución de sus acciones es más asertiva y vigorosa;
- son más participantes que simples oyentes en las discusiones de grupo;
- les cuesta menos trabajo establecer amistades y se atreven a expresar opiniones aun cuando saben que pueden ser recibidas con hostilidad.

Los individuos que tenían una autoestima baja mostraron lo siguiente:

- no desean exponerse;
- suelen vivir a la sombra de un grupo social;
- prefieren oír a participar;
- poseen una notable conciencia de sí mismos y preocupación por los problemas íntimos.

Las personas con baja autoestima no son capaces de verse objetivamente.

Uno de los estudios académicos más profundos con especial énfasis en lo que pueden hacer los padres para estimular el desarrollo de una buena autoestima es *The Ancesters of Self-Esteem*, de Stanley Coopersmith; en donde se concluyó que:

La autoestima de un niño NO se relaciona con la posición económica de la familia;

ni con la educación;

ni el área geográfica del domicilio;

ni la clase social,

ni la ocupación del padre,

ni el hecho de que la madre siempre se encuentre en el hogar.

Lo que resulta significativo es la calidad de la relación existente entre el niño y los adultos que son importantes en su vida.

Algunas de las características de los hogares en donde hay niños con mucha confianza

1. El niño experimenta una total aceptación de los pensamientos, los sentimientos y el valor de su existencia. Se siente amado y apreciado.

2. El niño opera en un contexto de límites bien definidos y firmes, si bien justos, razonables y negociables; los padres son disciplinarios y exigen responsabilidades. Los niños pueden expresarse sin temor al ridículo, y la atmósfera general es de aceptación y seguridad emocional. Cuando faltan límites se percibe una atmósfera de inseguridad, ya que muchos padres se dejan llevar por su estado de ánimo para exigir de vez en cuando, o una total indiferencia.

3. El niño siente respeto por su dignidad como ser humano. Los padres se toman en serio las necesidades y deseos del niño; se muestran dispuestos a negociar las reglas familiares dentro de los límites cuidadosamente delineados. En otras palabras, se ejerce autoridad, no el autoritarismo.

   Los padres demuestran interés por el niño, su vida social y académica y, generalmente, están dispuestos a conversar con su hijo cuando éste así lo desea.

4. Los propios padres tienden a disfrutar de un alto nivel de autoestima. Teniendo en cuenta que el modo en que tratamos a los demás suele reflejar el modo en que nos tratamos a nosotros mismos, esta última conclusión no ha de resultar sorprendente.

   Quiero aclarar que ningún estudio ha sugerido que la buena autoestima se correlacione con el coeficiente intelectual.

El Dr. Nathaniel Branden realizó una comparación de criterios con diversos psicólogos sobre algunas características de comportamientos que suelen identificarse fácilmente con una autoestima positiva.

- El rostro, modalidad, forma de hablar y de moverse de un individuo proyectan la felicidad de estar vivo, una simple fascinación por el hecho de ser.

- El individuo es capaz de hablar de logros o traspiés de forma directa y honesta.

- El individuo se siente cómodo al ofrecer o recibir

halagos, expresiones de afecto, aprecio y demostraciones similares.

- El individuo está abierto a la crítica y no tiene problemas a la hora de reconocer sus errores.
- Las palabras y movimientos del individuo evidencian tranquilidad y espontaneidad.
- Existe armonía entre lo que el individuo dice y hace, y su apariencia, modo de hablar y moverse.
- El individuo exhibe una actitud de apertura y curiosidad frente a nuevas ideas, experiencias y posibilidades de la vida.
- El individuo es capaz de ver y disfrutar de los aspectos humorísticos de la vida, en sí mismo y en los demás.
- El individuo proyecta una actitud de flexibilidad al reaccionar ante situaciones y desafíos, un espíritu de inventiva y hasta de diversión.
- El individuo muestra un comportamiento asertivo (no beligerante).
- El individuo conserva una actitud de armonía y dignidad en condiciones de estrés.

Esta lista no pretende ser exhaustiva, dice El Dr. Nathaniel Branden, y no todas las personas que tienen una elevada autoestima exhiben cada uno de estos rasgos en el mismo grado. La lista sólo refleja algunos indicadores esenciales por medio de los cuales es posible evaluar cómo se siente un individuo consigo mismo.

¿Qué puedo hacer para elevar mi autoestima?

Si tuviste la suerte de haber crecido en un hogar, en donde se preocuparon por tu estima, agradece a Dios. Pero si sientes que tu autoestima es muy débil; nunca es tarde para elevarla. Te voy a proporcionar algunas consejos que te servirán mucho.

Perdónate. Todos cometemos errores, somos humanos. No te culpes por el resto de tu vida. El pasado ya no existe, no insistas en traerlo.

Ámate. Reconoce que eres un ser único e irrepetible, nadie en el mundo se compara contigo. Trata de imaginarte cuando eras pequeño, y abraza esa figura. Ten consideración por ti mismo. Cuida de ti, nadie más lo hará.

No hagas alardes. Quienes se proponen llamar la atención, en realidad, buscan la aceptación de los demás. Recuerda que los hechos dicen más que mil palabras.

Ten flexibilidad contigo mismo. Permite la equivocación sin culparte y sin pronunciar palabras hirientes hacia tu propia persona.

Reconoce la diferencia entre tu persona y tus actos. Tus actos no necesariamente están ligados a tu autoestima. El hecho de cometer una tontería no quiere decir que "seas un tonto".

Sé responsable de tus actos y acepta la equivocación sin titubear. De una manera firme, aprende a contestar ante un error que cometiste, sin pena.

Recuerda todos lo triunfos que hayas tenido por muy grandes o pequeños que estos sean. Tráelos al presente cada vez que un fracaso te esté atormentando.

Un cumplido es un regalo, ¡acéptalo! Simplemente di "gracias". No busques el defecto para opacar lo que te reconocen. Si te dicen "¡qué bien te ves con el pelo corto". No tienes que contestar: "pero está muy canoso", sólo di: "¡gracias!".

¡Dirige cumplidos! Una de las maneras más fáciles de sentirse bien con uno mismo es reconocer lo que hay de hermoso en los demás. Si no tienes la costumbre de halagar a los otros, ya es hora de ver las cualidades y habilidades de nuestros semejantes ¡y reconocerlas verbalmente! Se abre en nuestros pensamientos una alternativa de escoger lo positivo en lugar de sólo ver lo negativo.

No te desquites contigo mismo. Si nos sentimos mal con nosotros mismos, tendemos a desquitarnos con nuestra propia persona. Por ejemplo, comemos desmedidamente alimentos perjudiciales, provocamos accidentes o enfermedades, incurrimos en abusos de alcohol y drogas, etc. Si no cuidas el único cuerpo que posees, nadie más lo hará.

Relaciónate con gente positiva. A nuestro alrededor, hay personas que nos aman y buscan nuestro bien, o simplemente son personas de las que aprendemos cosas maravillosas de la vida. Tratemos de estar rodeados de este tipo de seres.

Aléjate de los que son negativos para tu vida. Existen personas que, al no amarse a sí mismas, tienden a inyectar su frustración en toda persona con la cual se relacionan. Procuremos alejarnos para no ser contaminados.

Preséntate con tu nombre muy en alto. Si eres de las personas que viven a la sombra de los demás, será difícil que la gente te conozca por quién eres. En lugar de decir soy "la esposa de..." o "soy la hija de...", o "soy amigo de..." cuando te presentas, mejor di, primero, tu nombre y, después, la referencia si la consideras necesaria.

Felicítate. Reconoce tu valía cuando hayas hecho algo bien, "date una palmadita en el hombro".

Despiértate con alegría. El optimismo es un hábito y, como tal, se adquiere. Comienza a pensar positivamente desde el amanecer.

Arregla tu persona. No necesariamente con la última moda, pero el tener un aspecto limpio y agradable hace que nos sintamos mejor. La gente es atraída por la apariencia. Cuando te presentan por primera vez, la impresión se toma de tu apariencia. Te miran e inconscientemente llegan a una decisión sobre ti. Si das una imagen de descuido hacia tu persona, es probable que los demás no cuiden mucho de ti.

Si aprendemos a aceptarnos y a amarnos podremos empezar a disfrutar de la existencia.

Referencias

Matthew Mc.Kay y Patrick Fanning, *El Amor a sí mismo*, México, Selector, 1994.

Mussen, Conger, *Desarrollo de la personalidad en el niño*, México, Trillas, 1979.

R. Spitz, *Hospitalism: Genesis of Psychiatric Conditions in Early Childhood*, Psychoanalytic Study of the Child, 1945, 1: 53-74.

James Jongeward, *Nacidos para Triunfar*, Addison-Wesley Iberoamericana, S. A., 1986.

Waitley, Denis, *Para ser el mejor*, México, Ed. Grijalvo, 1987.

Nathaniel Branden, *El respeto hacia uno mismo*, México, Ed. Paidós, 1997.

Jeffress Robert, *Cambie sus actitudes, cambie su vida*. Ed. Las Américas, México. 1995.

Dobson James, *Enciclopedia de problemas Familiares*, Barcelona, España, Ed. CLIE, 1983.

Covey Stephen R., *Los siete hábitos de la gente altamente efectiva*, México, Ed. Paidós, 1995.

Custer Dan, *La mente en las Relaciones Humanas*, México, Ed. CECSA, 1995.

Louise L. Hay, *Tú puedes sanar tu vida*, México, Ed. Diana, 1995.

Peter Ricardo. *Para una terapia de la imperfección*, México, San Pablo, 1996.

Índice

Se terminó de imprimir en Talleres Gráficos D´Aversa e hijos S.A.,
Vicente López 318/24, B1878DUQ Quilmes, Buenos Aires,
Argentina.

Se terminó de imprimir en taller... Gráficas... y... s...
Viamonte... B. BIBIONI? Quilmes Buenos Aires,
Argentina